U0448157

经济简史

ECONOMIC HISTORY

［美］简·拉尼根（Jane Lanigan） 等编

王星星 译

中国科学技术出版社
·北 京·

© 2000 Brown Bear Books Ltd. A Brown Bear Book
Devised and produced by Brown Bear Books Ltd, Unit G14, Regent House, 1 Thane Villas, London, N7 7PH, United Kingdom
Chinese Simplified Character rights arranged through Media Solutions Ltd Tokyo Japan email:info@mediasolutions.jp in conjunction with Chinese Connection Agency Beijing China
Simplified Chinese edition copyright © 2024 by China Science and Technology Press Co., Ltd.
北京市版权局著作权合同登记　图字：01-2023-2015

图书在版编目（CIP）数据

经济简史 /（美）简·拉尼根 (Jane Lanigan) 等编；王星星译 . -- 北京：中国科学技术出版社，2024.9.
ISBN 978-7-5236-0940-8

Ⅰ . F119

中国国家版本馆 CIP 数据核字第 2024DT6669 号

策划编辑	李清云　褚福祎
责任编辑	褚福祎
封面设计	创研设
版式设计	蚂蚁设计
责任校对	张晓莉
责任印制	李晓霖

出　　版	中国科学技术出版社
发　　行	中国科学技术出版社有限公司
地　　址	北京市海淀区中关村南大街 16 号
邮　　编	100081
发行电话	010-62173865
传　　真	010-62173081
网　　址	http://www.cspbooks.com.cn

开　　本	880mm×1230mm　1/32
字　　数	151 千字
印　　张	6.25
版　　次	2024 年 9 月第 1 版
印　　次	2024 年 9 月第 1 次印刷
印　　刷	北京盛通印刷股份有限公司
书　　号	ISBN 978-7-5236-0940-8 / F・1295
定　　价	69.00 元

（凡购买本社图书，如有缺页、倒页、脱页者，本社销售中心负责调换）

献给热爱经济学的你

目 录

早期经济 ·· 1

欧洲的崛起 ······································ 31

理性时代和早期工业化 ······················ 60

工业化、城市化和现代化 ··················· 89

20世纪的西方 ································· 123

今天和明天 ···································· 159

术语表 ··· 181

参考文献 ·· 187

早期经济

从文明诞生之初,到古代世界几个伟大文化的兴起和衰落,再到中世纪欧洲的兴起,所有经济活动都以农业为主。但是,城市化和科技进步使经济变得越来越复杂。

相对来说,研究经济学是现代才开始做的事情,但是从文明诞生之日起,经济学家们的关注对象,也就是财富的创造与分配,就一直影响着人类历史的发展。经济学的基本理念就是满足需求。经济学家通常认为这些需求是无穷无尽的,于是在早期人类社会,人们就开始交换物品来满足各自的需求。在固定的政府、完善的经济理论以及货币流通出现之前,所谓的经济主要是指供应食品、住所和能源,从而支撑一个家庭或村落。"经济学(economics)"

古文明的成就,比如埃及金字塔,证明了经济发达社会的存在。因为只有这样的社会才能组织和支持巨大的劳动力供应。

这个英文单词的词源就反映了人们的上述需求。这个词是由希腊文 oikos 和 nomos 组成的，意思就是房子和法规。现在有的国家把管理经济比作是操持家用，他们始终强调，国家经济和精明持家是密切相关的。

经济学思想本质上是一种解读世界的方式，但是在不同历史时期和不同的地点，也会有不同的变化。比如在17和18世纪的欧洲，经济学的研究主题被称为"政治经济学"（political economics），这是当时欧洲的主导思想，它把经济问题和国家与国际权力更为密切地联系在一起。

贸易的本能

苏格兰"经济学之父"亚当·斯密是新古典经济学派的开山鼻祖，他的经典著作《国富论》（*The Wealth of Nations*）中就曾提出"以物换物，各取所需的这种倾向"是人类的本性。人类作为狩猎采集者，曾持续了数千年的游牧生活，不停地迁徙、捡野果或捕鱼。但是，即使是在定居社会出现之前，不同群体的人一打上交道，就会相互交换物品了。比如说，我住的地方鱼特别多，而你特别想吃鱼，那么我就可以用鱼和你换取我想要的东西。这种交换会遵循现代经济的供求规律，也就是说，越稀有的东西，它能换来的东西也越多。

最早的农民

最早的生产者是农民。当人类停下游牧生活的脚步，开始长期定居之后，"家政"经济学才开始逐渐形成。伴随着这种深刻的变化，农业也逐渐发展。在新石器时代，可能是通过不断观察，以及偶然的机会，世界上的某一群人学会了种植农作物。

早期经济

考古学家一直在争论人类为什么会开始耕种。有的人认为，因为人口越来越多，在野外觅食就越来越难。人类由狩猎转为耕种，经历了很长一段时间：首先开始于约10000年前的近东，然后慢慢传播到欧洲；8000年前，开始出现耕种活动的首先是中国，然后是中美洲。人类花费了几个世纪的时间，去学习怎么挑选最好的谷物，找到最适合它们的土地，然后还要决定一年中最适合的播种时间。虽然过程十分漫长，但是精心地挑选并逐渐培育出了产量更多的农作物。人们还开始饲养牲畜，这些动物也逐渐演化为各种现代驯养物种，比如猪和火鸡。

埃及陵墓壁画记录了农业活动，右上角是一个没有交税的人正遭受惩罚。

新石器时代革命

农业的发展引发了"新石器时代革命"，人们逐渐在可耕种地区长期定居。

然而，几千年来，定居生活并不一定比打鱼、捡野果更容易。耕地、播种、除草和收割都是繁重的劳动，而且还经常收成不好。

考古学家在世界许多地方挖掘出的遗址中，存在早期农业活动的迹象。亚洲的西南和东南部，埃及尼罗河沿岸，以及欧洲东南部的多瑙河沿岸，都曾是世界重要的农业中心。另外，在其他地区也曾出现过早期的农业中心，比如中国的黄河流域，印度和巴基斯坦的印度河流域，以及墨西哥的瓦哈卡河谷。以前，有的考古学家认为，各地农业水平的同步发展表明，那时的人们可能会相互交流，从而把新技术、新知识传播到世界各地。但是现在大多数考古学家认为，这种同步发展只是巧合，各地的农业形态是由自身的文化发展推动形成的。

定居

在新石器时代，农民一般会用晒干的泥砖或是芦苇和木头来造房子。许多房子会形成小

这是在英格兰重建的一座铁器时代的农场，我们可以看到农场周围是麦田，这是为了生产更多的食物以换取其他物品。

小的村庄。为了保护自己，农民们通常会用木栅栏把村庄围起来。这种社区的形成，是由于人们需要生产足够的食物来养活自己和牲口，从而可以等到一次又一次的丰收。长期以来，随着人们不断提高农作物产量，农作物就开始过剩。粮油的储藏办法也在同步改进，人们开始用罐子、水箱、筒仓以及各种各样的箱子来储存食物，定居人口也因此不断增长。因为食物吃不完，有的人就不种地了，他们开始转行了，比如去当牧师，去做官，做工匠或商人。随着定居人口的不断增加，劳动力分工更加专业化，城市也就应运而生了，比如建于公元前9000年左右的耶利哥。有了充足的食品供应，完善的储藏方式，以及贸易活动的出现，美索不达米亚（今属伊拉克）、印度北部、埃及和罗马都出现了更高级的城市文明。按照其建立的先后顺序，世界最著名的城市分别是底比斯、孟菲斯、巴比伦、尼尼微、苏萨、提尔、迦太基和耶路撒冷。

市场，以物易物，货币和贸易

早期城市文明的特点体现出经济学与家政概念之间的紧密联系。生产通常在家庭内部进行，涉及的都是基本的家庭需求——吃饱穿暖，保持清洁，家庭起居。劳动力可以由家庭成员来充当。在开展大型工程或是公共项目建设时，比如建灌溉装置，就会由奴隶来充当劳动力。对于许多古代文明的经济和社会发展而言，强制的奴隶劳动是至关重要的。在美索不达米亚、印度以及中国的古文明社会中，无论是在家庭和店铺内部，还是外部的工程建设与农业活动，都会雇佣奴隶。古埃及人就用奴隶建造了他们的王宫和金字塔。

无偿劳动力的广泛使用意味着无须制定价格和工资政策。生产和消费都是以家庭为中心，价格理论也就没有存在的必要；对奴隶

城市的出现

经过1000多年的时间,第一批新石器时代农业人口的半永久村落,发展成为聚居地,也就是公认的现代城市的前身。早在公元前6000多年,安纳托利亚的加泰土丘(Çatal Hüyük)就出现了一个约有5000人的社区。几千年来,城市化进程在世界各地一直在进行。在古代的苏美尔,也就是现在的伊拉克,灌溉技术的发展推动了大规模农业发展,为许多城市的出现提供了支持,比如埃里杜、乌鲁克以及后来的巴比伦。公元前3500年到公元前2500年间,在印度河流域北部和巴基斯坦,出现了摩亨佐·达罗和哈拉帕这两座城市。

考古发掘表明,许多早期城市都具有相似特征。比如,许多城市都修建了围墙,而且还安置了大型宗教或公共建筑。有的城市则采用了网格化的街道规划,或者被仔细划分为不同的区域:有的用来举行仪式,有的用于住房,还有的是各种小作坊。

所有早期城市都以农业为主,它们的主要任务就是生产和储藏粮食。随着市场不断增长,人们可以去发挥专长去赚取其他物品或服务,于是便产生了各行各业的劳动力。工匠们会制作奢华的手工艺品,或是使用金属进行日常工作。商人会组织开展贸易活动,有时候交易双方的距离会十分遥远。加泰土丘出产的黑曜石或火山玻璃,就出现在了500英里(1英里≈1.6千米)外的杰里科。其他公民阶层也逐渐出现,管理层中等级最高的是酋长、统治者和官员;下一级是祭司阶层,他们负责监督遵守宗教仪式;战士阶层则负责保卫国家,抵御邻邦或敌人的进攻。地位在商人和工匠阶层之下的,是由广大奴隶组成的下层阶级,他们要么是战俘,要么是战俘的后代。这个阶级从事了大部分的手工和体力劳动。

古典经济学家亚当·斯密在18世纪就曾指出,劳动力的分工以及日益专业化将提升产量。在世界范围内,各大城市中心的经济活动日益频繁,这就为商品和服务的交换提供了现成的市场,从而刺激了生产。

而言,也不存在工资这一概念。因此,即使是聪明而富有好奇心的古希腊人,对经济学的研究也很少。

定居和贸易

一般来说,过去出现的城市定居区是由较大规模的城市构成的。

早期经济

在土耳其科尼亚平原发掘的加泰土丘遗迹。

这些大城市的周围被农田环绕，而且可能会与周边较小的城市中心结盟。大部分贸易活动只在当地市场进行，主要涉及的是食品和服装。大部分人把大量资源都花在了食物上，另外，对于那些种不出来也采集不到的东西，他们只能通过交换来获取。

在过去，远距离送货是一件高成本、高风险的事情。然而，从新石器时代开始，国际商业和贸易就成为经济的重要组成部分。例如，在北欧，燧石作为制造斧头和武器的关键材料，相关贸易十分普遍。

英格兰的格兰姆斯矿井和比利时的斯皮恩

斯镇都盛产优质燧石。来自这些矿井以及许多露天"工厂"的燧石，都被制成了斧片或抛光的斧头，然后被运送到欧洲的市场上进行交易。有了斧头，欧洲人就能进行大规模的森林砍伐，从而使欧洲成为一个农业大陆。生活相对较近的人们之间会进行短期的交易，考古学家认为，随着这些交易活动的不断扩大，像斧头这样的物品也加入了贸易之中。

这些制造实用工具的原材料并不是唯一的交易商品。从大约公元前2000年到公元前700年，长期处于青铜器时代的欧洲社会，基本上是由好战团体组成的，他们非常看重显眼的外观。装饰华丽的武器和盾牌，五彩斑斓的珠宝都彰显着其主人的财富与地位。像半宝石（在宝石学中，宝石一般分为贵重宝石和半宝石两类）

著名的巨石阵，位于英格兰南部，由新石器时代定居在这片肥沃平原的农民所修建。

早期经济

这样的奢侈品的贸易逐渐成为一项重要的活动。

用于制造青铜的铜和锡也很受追捧。尤其是锡矿石,从原产地被远销至安纳托利亚以及欧洲的西部和西北部。远洋贸易蓬勃发展,人们按照标准的形状和重量,将青铜浇铸成铜锭进行分发。

对于青铜器时代的这种"炫耀消费",美国经济学家托尔斯坦·凡勃伦(Thorstein Veblen)把它比作美国19世纪后期所谓的镀金时代的炫富现象。

青铜器时代"炫耀消费"的例子:一个镶嵌着瓷片和彩色玻璃的手镯。

斯堪的纳维亚的葬礼

在青铜器时代,斯堪的纳维亚的富人们死后被埋在土丘或石墓中,并带有昂贵的陪葬品。斯堪的纳维亚人还会在湖中放置大量的青铜器

9

作为宗教供品，以此表明他们对这些青铜器的珍视。然而，斯堪的纳维亚缺乏金属矿藏，所有的铜和锡都必须进口。作为回报，斯堪的纳维亚人会出口波罗的海的琥珀。这是一种由树脂化石形成的半透明橙色矿物质，是一种需求量非常大的奢侈品。考古学家已经确定了一条"琥珀之路"，它的东线沿着东欧的各大河流延伸数千英里，抵达现在的俄罗斯；南线则从波罗的海南部出发，直达地中海。

在青铜器时代的贸易路线上，出现了许多手工艺中心，还有具备防御工事的大型聚居区。控制了贸易线路，就能够为聚居区带来巨大的经济和政治权力，并且使其公民享有社会地位。有的地区似乎就是通过充当贸易中介而富裕起来的。比如英格兰南部的威塞克斯，其文化中，武士首领占据了社会主导地位。在他们的坟墓中，黄金、青铜和琥珀陪葬品尤其丰富。

多种多样的货物

20世纪80年代，在土耳其南部的乌鲁布伦角发掘出了一艘腓尼基船，这艘公元前14世纪的沉船是展现青铜器时代贸易规模的显著标志。考古学家认为，这艘船上载有铜锭，还有许多不同寻常的物品。铜矿是在塞浦路斯开采的，而锡矿可能来自阿富汗。船上还有更稀奇的物品，包括蓝玻璃锭，这是迈锡尼人用来做宝石的；一吨用来做香水的松节油脂，用来制作高档家具的埃及乌木圆木，还有许多未加工的象牙和河马牙。在船上还发现了砝码以及可能用来记账的木制画板，据此推断船上应该有专业的商人。无论是船上的货物，还是船员们的随身物品，都来自世界各地，包括迈锡尼、塞浦路斯、迦南、喀西特、埃及和亚述。

早期经济

贸易大国

腓尼基，大约相当于现在的黎巴嫩地域，曾是一个位于埃及和赫梯两大帝国之间的国家。在公元前16到前4世纪，无论是陆地还是海上贸易，腓尼基在地中海地区都处于领头羊的位置。让腓尼基人闻名于世的，是他们制作的广受欢迎的紫色染料，还有知名的雪松木材。腓尼基的水手们最初从东地中海开启航程。后来他们学会了用北极星来导航，航线便一直延伸到了地中海。腓尼基人的影响力一直波及印度西南沿海和今斯里兰卡所在地域，水手们可能是跟随贸易团一起从红海过去的。腓尼基人还在西班牙的大西洋海岸建造了一座名为"盖德斯"的城市（现在的加迪斯）。根据希腊历史学家希罗多德（Herodotus）的说法，大约在公元前600年，埃及法老尼科（Necho）派腓尼基人去探路，看看能不能按顺时针绕过非洲，开辟一条新的通往红海的贸易路线。证据表明，这次探路绕着非洲海岸线完整航行了22 900英里。

在公元前7世纪，腓尼基人在北非海岸，也就是现在的突尼斯所在的位置，建立了新的首都迦太基。腓尼基人控制了地中海入口处的直布罗陀海峡。

1世纪时期浮雕上所刻画的腓尼基商船，腓尼基人曾在公元前16世纪驾驶着它环绕非洲海岸。

随后他们发现了大西洋上的马德拉群岛、加纳利群岛和亚速尔群岛。公元前5世纪,由希米尔克(Himilco)率领的一支探险队,沿着法国北部海岸线,穿越英吉利海峡直抵康沃尔。这里就是多年来腓尼基人充当中介贩售锡矿的地方。另一只探险队由汉诺(Hanno)率领,他们沿着非洲大西洋海岸一路南下,估计总共携走了3万个殖民地居民。这些先行者们建立了6个殖民地,探索的脚步遍布塞内加尔和冈比亚河流,他们沿着海岸线南下到达了塞拉利昂和喀麦隆。

腓尼基的覆灭

公元前4世纪,希腊水手开始挑战腓尼基人在地中海的统治地位。腓尼基开始步入漫长的下坡路,直到公元前146年,随着布匿战争(Punic

黎巴嫩雪松,是腓尼基人用于贸易和造船的重要物品。

早期经济

Wars）的结束，罗马帝国最终摧毁了迦太基。然而，在罗马帝国统治时代，阿拉伯的水手们在现代最初的几个世纪重新恢复了红海贸易。

阿拉伯人的单桅帆船利用季风，从尸罗夫（Siraf）和霍尔木兹海峡出发，沿波斯湾一路航行至东非海岸。他们的货船装载着各种各样的货物在印度洋上来回穿梭，船上有调料、糖、芳香木材、船用木材、黄金、象牙、铜、锡、瓷器、丝绸、马匹，甚至还有大象。

还有一条著名的长途贸易线路始建于公元前约100年，就是中国和罗马帝国之间的丝绸之路。中国当时正处于汉朝时期，能够保障商队在中亚大部分地区的通行安全。经过长途跋涉运送到罗马帝国的货物往往是奢侈品，在这个

这是一座古罗马时期的别墅，公元79年火山爆发掩埋了庞贝城，这座别墅保存了下来。

13

漫长的路途中并非只有一个商人做生意,而是通过多个中间商进行交易。公元5世纪,罗马帝国逐渐走向衰落,陆地贸易线路沿线政治动荡,贸易活动因此遭到削弱,但在和平时期又会恢复。因此,罗马帝国的影响力远远超出了自身的广阔疆界。东到印度,西至爱尔兰,都发现了罗马商品。公元79年,一次火山爆发摧毁了罗马的庞贝城,在后来发掘的废墟中还发现了来自印度的商品。

货币

在最早的社会中,商品和服务是通过物物交换而获得的。像牛羊这样的财产也可以用来当货币,但这种交换方式非常麻烦。因此,从很早的时候,社会上就开始使用金属作为一种交换方式。要成为货币,这种金属要符合基本的要求:一是稀有,二是方便携带,然后在所有交易中都能通用。在东亚,贸易中所使用的主要金属是白银。在铸成锭之后,刻上商人的名字,并且标明面额和纯度。在欧洲和中东,黄金和白银都在贸易中广泛使用。它们的价值取决于质量,所以每次交易换手的时候,就要再次称重并计算纯度。

最早的硬币

大约公元前600年,最早的硬币出现在小亚细亚的吕底亚王国(Lydia)。吕底亚人当时正处于一个重要的工业与贸易社会时期,他们把琥珀金(一种天然的金银合金)加热熔化,塑造成固定重量和纯度的小粒,然后再进行锤打印上官方的戳记。到公元前550年,世界各大重要贸易城市都开始推行铸币。这种货币是真正的商品货币,其价值取决于金属成分。无论是君主和贵族,还是城市与机构,都开始制作印有特殊标记的钱币,以证明它们是货真价实的。

有些早期的硬币价值非常稳定：比如公元前6世纪雅典发行的德拉克马，其纯银含量始终稳定在65到67颗麦粒的重量。还有中国在公元4世纪时推出的圆形方孔铜钱，在此后的2000年里一直被作为标准硬币使用。但实际上，硬币的成分非金即银，这会诱使人们掺假。发行部门就开始减少硬币中的贵金属含量，从而削弱了硬币的价值。总有些不安分守己的人，拿到硬币就又削又刮，想从里面搞点金子银子。

这是在法国发现的一枚凯尔特硬币，上面印着一个部落酋长的头像，象征着这枚硬币的真实性。这枚银币的不规则形状可能是印制图案时造成的，但也可能是被伪造者剐蹭所致。

古典希腊

从公元前5世纪开始，雅典、科林斯和斯巴达等希腊城邦蓬勃发展。在研究各个文明如何组织经济活动这个问题上，历史学家对希腊人的了解程度，超过了之前出现的任何一个文明社会。希腊的基础产业是农业，生产单位是家庭，劳动力主要由奴隶组成。因此，古代城市不是现代意义上涵盖生产与工业的经济中心。18世纪，大卫·休谟（David Hume）指出，没有任何古代的记录显示，一个城市的发展是由制造业的建立所推动的。

经济简史

大部分有形的商品可能是被住在城里的地主（地主并不住在庄园，而是住在城镇上）买走了，付的钱就是他们收来的租金和税金。他们随后又把这些商品卖出去，再去买农场和葡萄园的产品。城市收入的一部分是税收，然后再用收来的税金去购买农产品。在雅典，劳里翁银矿也是国家财政收入的来源。

柏拉图和亚里士多德

古希腊人是第一批留下政治思想和道德思想记录的人。柏拉图和亚里士多德这两位哲学家都写过关于财富、财产和贸易的书。两位都不约而同地对商业抱有偏见，并宣称以贸易为生是不可取的。他们还认为劳动是有损身份的，因为几乎所有劳动都是由奴隶完成的。亚里士多德是支持奴隶制的。在对奴隶制伦理进行常规思考的过程中，他在谈及经济时曾指出，希腊经济是建立在奴隶制这一基础上的。因为无须为劳动支付报酬，所以希腊人没有工资的概念。

这是后世一位画家所描绘的克里特商人。在米诺斯文明时期，克里特人在东地中海进行贸易活动。

关于对资本或贷款收取利息这件事，希腊思想家也不会有什么看法，因为那个时候和现代经济收取利息的做法是不同的。

古希腊和罗马世界，以及中东和东亚的古代帝国，都曾以工具和设备的形式，使用大量资本货物来生产纺织品、陶器、玻璃器皿等可以在国际市场上销售的物品。

然而，在亚里士多德所处的时期，希腊经济几乎完全在家庭层面上运作，因此大多数借贷只是出于个人需求，而不是为了投资或做生意。按照现在的理解，利息是一种生产成本，但在那个时候，利息就是幸运的人向不幸或不聪明的人收取的费用。像奴隶制一样，利息也被视为道德问题。亚里士多德谴责收取利息的做法，他认为这是幸运的有钱人对不幸的人进行的勒索。直到1000年后的欧洲中世纪，这种观点仍然十分普遍，当时的天主教教义也谴责收取利息就是放高利贷。即使在今天，如果有人借给朋友钱还要收利息，那也会受到广泛的谴责。

更大规模的经济

亚里士多德还提出了公平或公正定价的问题，在之后的2000年里，虽然世界上还不存在工资和利息，也没有现代意义上的价格理论，但这个问题始终是经济学思想关注的焦点。希腊人还思考过更大规模的经济组织或推动力。柏拉图把国家想象成一个经济实体，其中包含了文明生活所必需的各种行当与职业。主持日常生活的守护者绝对不能是那些"拥有自己的房屋、土地或金钱"的人，否则"他们会成为管家和农夫，而不是监护人"。换句话说，这个国家的公民可以自由从事任何行业，但社会管理者则必须时刻为公共利益而工作。

早期的阿拉伯商人

早在公元7世纪,来自阿拉伯的商人就从红海启航,直接抵达了印度次大陆。阿拉伯人驾驶的船是单桅三角帆船,这是一种适应性很强的船只,装有三角帆。加上他们对印度洋季风的了解,阿拉伯人才能够完成这样的航行。西南季风为7月至10月的出航提供了帮助,东北季风则为11月至翌年3月的返程提供了动力。单桅帆船装载了香料、珍珠和精美纺织品,还有大米、金属甚至马匹等大宗商品。用于造船的木材也被进口到森林匮乏的阿拉伯国家。

非洲东海岸的阿拉伯贸易也很活跃。在冬天,单桅帆船在波斯湾装船,先在阿拉伯海哈德拉毛省的背风处航行,然后随着东北季风一路向南。从摩加迪沙到莫桑比克,东非的许多王国都和阿拉伯人做过生意,商品包括黄金、象牙和奴隶。阿拉伯的奴隶贩子在桑给巴尔建立了一个重要的贸易站,他们的后代设拉子人还在那里形成了一个独特的民族。随着越来越多东非商人阶层开始信奉伊斯兰教,阿拉伯贸易路线也成为宗教传播的重要渠道,人们纷纷沿着这条路线前往麦加朝圣。

这幅画绘于20世纪初期,图中的单桅三角帆船易于操控,能够远距离航行,正因如此,阿拉伯商人才能在阿拉伯海和印度洋上乘风破浪。

罗马经济学

罗马人借用了希腊人的经济思想,同样沿袭了对贸易的蔑视。然而,尽管如此,罗马的贸易路线跨越了整个帝国,一直延伸到了印度和中国。像《爱情神话》(Satyricon)这样的罗马文学作品就展现了金钱在日常生活中的重要性,而且也是罗马思想家的关注重点。

像亚里士多德一样,罗马人同样赋予了农业活动以高度的道德优越感,他们理想化地将农民塑造成自食其力、足智多谋且辛勤劳动的形象,农民的地位自然要高于城镇居民。这种死板的观点几乎一直持续到现在。虽然罗马可能起源于自耕农组成的农村社会,但它后来的农业发展方向和上面的观点没有丝毫关系。在现代早期的几个世纪,农业几乎呈现出了资本主义的特征。大庄园的所有者是外居地主,他们会雇用监工监督奴隶的耕作,然后把收获的粮食交给国家。

从公元纪年开始,庄园就在罗马的农业生活中占据了主导地位。无论是在规模还是组织上,这种庄园和中世纪时期十分相似。在罗马的庄园中心,坐落着所有者的大房子或别墅,周围环绕着外围建筑:厨房、面包房、酿酒房、作坊、牲口棚、谷仓和地窖。大多数劳动者居住在各自的院落,或者叫村落,一般都不会很大。土地会按不同用途进行划分,包括只为主人耕种的地块,为维持农民生计而耕种的地块,以及未被耕种但用来提供柴火、牲口饲料和蔬菜产品的地块等,这样,整个庄园基本上可以自给自足。

农奴制的发展

奴隶通常都是战俘,由于其数量的减少,他们在罗马庄园的位置被佃农(有些是被释放的奴隶)替代。奴隶和佃农都被迫按固定的

丝绸之路

　　丝绸之路是古代世界最重要和最广泛的贸易路线之一。这条绵延的道路连接着罗马和中国两大文明古国。它实际上就是商队的行进路线,而不是铺砌好的道路。丝绸之路从中国的西安出发,往西北方向穿过沙漠,越过山脉进入阿富汗,然后从那里到达地中海东岸的黎凡特,送来的货物在这里装船运往罗马。

　　古代贸易路线的一大特征,就是很少有商人全程走完丝绸之路。商品一般会经过许多中间商。这些商品包括中国丝绸、罗马羊毛和贵金属。在那个时代,丝绸是一种珍贵的商品,因为欧洲人还不知道怎么生产丝绸。商人们还会运送许多来自印度和阿拉伯中介地区的高价值商品。

　　随着罗马在亚洲的领土逐渐流失,阿拉伯人在黎凡特的统治地位日益增强,这条路线越来越危险,用的人也越来越少。在13世纪和14世纪蒙古统治时期,这条路线再次复兴,当时威尼斯人马可·波罗(Marco Polo)就沿着这条路来到了中国。

一支商队正沿着丝绸之路穿越沙漠。

时间表工作,佃农按照预定的比例向地主缴纳收成。罗马帝国在3世纪颁布了旨在鼓励农业的法令,要求所有土地的耕作者及其后代必须留在自己的土地上。但是反过来,谁也不能夺走地主的土地。在这种制度下,地主控制着他们的领地还有领地上的居民,不管他们是自由身还是受奴役。作为地主，他们拥有经济权力，而且往往是全面的权力。到了4世纪，许多佃农沦落为农奴，被束缚在土地之上，受制于他们的主人。

庄园制

公元5世纪，日耳曼入侵者征服了西罗马帝国，接管了由依附农民耕种土地的制度。在英格兰和北欧其他地区，有权有势的贵族或天主教会引入了庄园制，或者叫封建制度。庄园制这个词来源于罗马农民，他们拥有自己的土地可以耕种，但仍然要依赖年长者。自耕农仍然存在，但越来越多的自耕农发现，"主动"得到地主的关照更加称心。

从6世纪开始，中央政府的崩溃对欧洲造成了重大影响，这加速了庄园土地的不断开发，并使其成为地方政权的主要组成部分。没有强大的城市聚居区就意味着，经济在很大程度上是地方化的，这也强化了庄园主的权力。在庄园主的管辖下，所有人都受到他的照顾和保护。作为回报，人们也有义务接受他的审判和惩罚，并在工作中听从他的指挥。他们就是"农奴"，这个词在10世纪后变得流行起来。

欧洲中世纪伟大的统治者查理曼（Charlemagne），也被称为"查理大帝"。他是法兰克帝国的缔造者，范围覆盖欧洲大陆西部大部分地区。通过与地主阶层结盟，他巩固了自己的权力。查理曼将土地赏赐给地主作为奖励，使他们成为特别的效忠者。这种个人依附与政治权力之间的关系，是封建社会制度的特征。国王的属下、依附者，以及依附者的属下，反倒成为国王本人的代理人。

修道院

查理曼日益强烈地感受到,自己还肩负着一个基督教的使命,而这也是与他巩固其军事和政治地位密不可分的。查理曼在边境地区建立了修道院,将其作为先驱者的住所,对森林和沼泽地进行开垦。不过,在9世纪的时候,新的移民和入侵者减缓了查理曼发动的欧洲大扩张,他们就是来自北方的维京人、来自地中海的以撒拉森人著称的伊斯兰海盗,以及来自匈牙利的马扎尔人。由于匪患猖獗,土地渐渐荒芜,人口开始减少,贸易逐渐中断,甚至短途旅行也会险象环生。修道院又一次成为文明发展的前哨站。

这是一幅法兰克帝国查理曼在宝座上的画像。这位帝王曾鼓励扩大欧洲的经济活动与影响力。

贸易路线

在公元950年到1050年,维京人、撒拉森人和马扎尔人要么被击败,要么逐渐定居。此后，在经历了一段人口稳定的时期之后，欧洲也迎来了人口的显著增长。城镇不断扩张，对中世纪庄园经济自给自足的发展趋势构成了挑战。庄园被纳入了一个更广大的经济网络之中。在数量、频繁度和品种等方面，贸易和商业都在不断扩大，尤其是在意大利、法国南部以及低地国家（荷兰、比利时、卢森堡三国的统称）。

在12世纪到13世纪，贸易逐渐扩张。商人们开始成立协会保护国外的旅行者，这样长途贸易就更加安全了。主要的长途贸易路线是从波罗的海和东地中海到达中欧及北欧。波罗的海的森林提供了各种原材料：木材、柏油和毛皮。奴隶也是一种重要的商品。东方则供应奢侈品，比如香料、珠宝和纺织品。作为交换，西欧主要出口原材料和加工产品。

封建制度

14世纪40年代欧洲爆发黑死病之前，庄园制已经主导欧洲长达1000年之久。庄园主的财富和权力各有不同，土地也大小不一，但是他们都是统治者、雇主及家长，他们主宰着农奴的生活。地主有权让农民进行数日劳作，还可以让他们在播种、收获及其他特殊时期延长劳动时间。在战争期间，地主还有权让农奴去服兵役。庄园主可能会建造磨坊、烤箱和酒坊，并要求农奴有偿使用。

一般说来，每年地主有权对土地上的农奴征收人头税、所得税，还有死亡时的遗产税。如果农奴死时没有继承人，地主就有权收回土地。反过来，不管出身贵贱，农奴都有权拥有他们的土地并传给子孙后代。虽然地主能够像处理财产一样把农奴和他们的后代卖掉或者送人，但是地主同时也必须把农奴的土地一起卖掉或者送人。农奴在村庄的公地中拥有指定的耕地，享有公共牧场的使用权，而

且还有权在公共林地和荒地上收集柴火与建筑材料。

一位12世纪的君王正在视察财政情况，官员正在按重量给士兵们分发报酬。

三田制

中世纪的许多重要变革推动了农业的发展。特别是许多村落实行了所谓的"三田制"。耕地按大块进行划分，然后再按长条进行分割，分配给庄园主或农奴及其家庭。为了使土壤在种植一季庄稼后恢复肥力，以前的村落需要有两块地，每季在其中一块地上播种，另一块地则留作休耕地（为了恢复耕地的肥力，在一定的时间内停止耕种）。但是，在三田制下，只有1/3的土地为休耕地，而不是1/2；还有1/3的土地在秋季种植小麦、大麦或黑麦；剩下的1/3土地则在春季种植在夏末收获的燕麦、大麦和豆类。这种做法有许多好处。豌豆、蚕豆等豆类有助于土壤补充肥力，并且使人们的食物多样化。

早期经济

维京人的经济

这是一艘维京人的大船,战士们把盾牌摆在同一侧。对于欧洲北部海岸的人们来说,这是令人恐惧的画面。

这个就是所谓的"丰裕之角",是瑞典发掘的一位维京富人的陪葬品,里面包裹着主人的珍贵物品,包括硬币。

从公元8世纪到10世纪,北欧由斯堪的纳维亚半岛的维京人所统治。众所周知,这群来自北海和波罗的海的维京人,也就是北欧人,凭借他们的航海和造船技能建立了一个海上帝国。维京人是沿海一带令人胆寒的好战者,他们也是勇敢的探险家和商人,在欧洲海岸和河流沿线都开辟了贸易路线。他们的贸易路线从波罗的海延伸到黑海和君士坦丁堡(现在的伊斯坦布尔),途经第聂伯河,再经伏尔加河到达里海、波斯以及东方甚至远东地区。挪威人向北冒险到达冰岛和格陵兰岛,并在大约1030年到达北美。维京人沿着塞纳河航行,占领了法国北部的大部分地区,

25

> 然后穿越欧洲西海岸来到了地中海。他们建立了伟大的城市，包括爱尔兰的都柏林、英国的约克、俄罗斯的诺夫哥罗德和斯摩棱斯克，以及乌克兰的基辅。
> 　　北欧人最初大多是农民，随着对国际贸易的控制不断加强，他们的生活方式也发生了转变。在北欧，他们交易咸鱼、毛皮等，并在象牙贸易上占据了实质垄断地位。格陵兰岛和冰岛的海象牙是中世纪象牙制品的主要来源。
> 　　在南边，维京人则开辟了另一条通往地中海的路线。北方运来了奴隶、毛皮、海象牙、绳索和蜂蜜；作为回报，南方送来了葡萄酒、香料和丝绸。与第聂伯河相比，伏尔加河路线上的贸易更为频繁。这条路线是由保加利亚人和哈萨克人控制的，他们与巴格达的来往十分紧密。来自南部和东部的阿拉伯商人从维京人那里购买商品和奴隶，他们支付所用的是黄金，更多时候是用白银。10世纪后期巴格达银矿枯竭，德国逐渐成为金属的主要来源地。

最重要的是，犁地技术的改良使庄稼产量翻了一番。

　　市场经济的重新出现，对欧洲庄园制的经济基础形成了挑战。市场经济的特征是私有制、贸易行为以及由个人决定生产什么和销售什么。农民们可以把过剩的产品卖掉换钱，还可以向主人换取各种各样的活动自由。地主们可以花钱雇用劳工为他们耕作，或者请雇佣兵参战。城市资产阶级是夹在地主和农民之间的中间阶级，这个阶级的日益崛起削弱了原本由地主和农民两个阶级构成的体系。中世纪晚期的黑死病彻底敲响了庄园制的丧钟。随着欧洲人口的减少，劳动力价格变得非常昂贵。因此为了让土地保持耕种并获得收入，地主基本都无力抗拒农民对土地权利的进一步要求。

黑死病

　　黑死病是一种瘟疫，是由寄生在老鼠身上的跳蚤所携带的细菌导致的。这种疾病可能发源于中亚大草原，然后传播到中国和印度，后来可能是被长途旅行的商人传播到了中东和地中海。1347年黑死病传到了君士坦丁堡。第二年它便传到了现在的意大利、西班牙和法国,仅一年后又传到现在的瑞士、奥地利、德国、英国等。1350年,黑死病传到了斯堪的纳维亚和波兰。历史学家估计,欧洲人口在1348年至1377年间减少了约40%。

人口的急剧下降带来了直接的影响。过剩的农业劳动力被淘汰,有的村庄因人口稀少而逐渐消失,有的城镇日益衰落,而许多边际土地仍未开垦。在随后的几十年里,工资上涨,租金下跌,租户和劳工变得异常紧俏,这正是供求规律的体现。对那些从这场危机中存活下来的人来说,在黑死病之后一个世纪,相比1347年之前,他们的工资涨了,物价低了。

这幅图画源自1349年,描绘的是挪威黑死病期间的遇难者。人类和动物,无一幸免。

修道院经济

中世纪晚期,欧洲社会由基督教信仰和罗马天主教会制度所主导。以教皇为首的教会控制了意大利中部和北部的大部分地区,通过掌管教会法庭司法,成为整个欧洲的强大力量。和查理曼时代一样,修道院和其他宗教场所不仅是重要的精神中心,而且还是繁荣的经济中心。它们既是修道院,同时也是土地所有者、葡萄酒或农产品的生产者以及贸易场所。

例如,12世纪建立的"西多会(Cistercian)"组织结构完善,主张技术革新,对经济生活做出了重大贡献。在开垦开荒技术的发展方面,西多会僧侣发挥了重要影响力。他们还擅长生产和销售谷物与羊毛。

这是14世纪一座位于意大利帕维亚的修道院。在欧洲许多乡村地区,修道院扮演着经济中心的角色。这里不仅是交易的场所,也是传播知识的地方,比如新的耕种技术。

宗教和高利贷

基督教教义对经济生活与理论产生了重大影响。对于经济活动中必不可少的商业要素，基督教教义往往会谴责。罗马天主教教会的经济思想体现在教会法中，它认为，从道德上来讲，商业的地位并不如农业。基督教同情穷人，当然也会反对金融机构，这种态度集中体现在对放贷者的攻击上。因此，对当时的神学家来说，《圣经》甚至对拥有财富的行为持怀疑态度，尽管教会和宗教团体都积累了土地和财富。

对于高利贷，或对贷款收取利息的行为，教会法均表示谴责，这对商业产生了非常大的影响。像亚里士多德一样，基督教教义也认为收利息是幸运者对穷人的勒索行为，在道德上应受谴责。但是，对金融资本的需求是始终存在的。比如，统治者要打仗就需要资金。其中一个资金来源就是欧洲的犹太人。许多国家的歧视性法律禁止非基督徒拥有土地。这就鼓励了大量犹太人涉足中世纪的银行业和商业，因为在犹太圣经中这两个行业并没有受到谴责。

犹太人因放贷成为受害者，尤其是在十字军东征期间。在这场欧洲基督教统治者针对中东伊斯兰人民发起的军事行动中，成千上万的犹太人在反对非基督徒的高涨情绪中被屠杀。在13世纪和14世纪，通过没收犹太人的财产，以及驱逐其所有者，欧洲的几位君主充实了国库。1290年，爱德华一世驱逐了英国的犹太人；1394年法国的查理六世也效仿了这一做法。随着欧洲经济越来越富有现代特征，一定会有更多欧洲人遭遇无情的对待。

欧洲之外的情况

贸易扩大了欧洲大陆与外界的联系。他们和中东伊斯兰世界发生了密切的联系。

伊斯兰的经济蓬勃发展：阿拉伯商人控制了穿过非洲撒哈拉沙漠的贸易路线，将黄金和奴隶进口到中东。阿拉伯商人还通过海路与印度进行贸易。奥斯曼土耳其人则控制了与东亚的陆上贸易路线。

公元500年到1500年这个时期，中国是最伟大的单一帝国，已经维持了2000多年封建制度。到公元11世纪的北宋，中国发展出了复杂的经济形态，出现了纸币和银行的雏形。中国人还取得了科技上的进步，发明了手推车等运输工具。13世纪，威尼斯的旅行者马可·波罗造访元朝皇帝忽必烈的宫殿，目睹这些成就惊叹不已。为展示明朝的国力，在1405年到1434年，郑和七下西洋，造访了中国海上和印度洋的主要港口，最远到达东非。但是，在15世纪中叶中国放弃了对外活动，中国在世界舞台上的影响也随之销声匿迹。

历史学家真正开始了解东南亚地区的文明，是在15世纪伊斯兰征服了这一地区之后。这里的人们在现在的柬埔寨建造了吴哥窟等建筑，还修建了大型灌溉工程，种植赖以生存的水稻。在世界另一边的中美洲，早期的人们无一例外依赖玉米的种植。这里涌现了许多伟大的宗教中心，它们通过广阔的贸易网络相互联系在一起，其中一大特点就是手工艺品的制作技艺相当高超。

欧洲的崛起

在现代初期，非洲、中国、日本、印度和近东地区文明在文化和技术上均取得了各自的成就，对比之下欧洲显得黯然失色。然而，到了17世纪，欧洲日益崛起，逐渐主导全球经济。

这幅图描绘的是14世纪晚期的意大利，图中人物正在仔细地称重食盐并进行分发。在近代的欧洲，食盐作为一种重要的商品，往往会受到政府的严格管控。

大约在12世纪，欧洲的生活在许多方面仍延续了和前三个世纪相同的模式。当时，只有少数国家有明确的边境线。事实上，"欧洲"这个词本身就很少用。欧洲大陆一小部分受过教育的精英将欧洲视为"基督教世界"，而不是地理意义上的实体，罗马天主教会的权威把他们团结在一起。中央集权的政府正在兴起，但仍然薄弱。

欧洲大陆大部分地区的社会和经济结构仍处于封建制度之下，这是一张由特权和义务组成的网络，其根源始终是土地所有制和兵役。

对大多数人来说，他们祖祖辈辈仍需要去面对生活中的摸爬滚打，要种植足够的食物，还要建造牢靠的房屋，这种传统正是经济体系的重要组成部分。但是，在这种表面的传统延续之下，人们的生活正在慢慢改变。交易活动日益频繁，农民逐渐从农村转移到欧洲城市中心，这对经济和政治格局产生了日益重要的影响。政府权力变得更加集中，强大的君主制建立了官僚机构和税收制度。某种程度上，在搭建人际关系方面，金钱的作用比社会地位更重要。

封建制度衰落

欧洲生活变化的核心就是封建制度的演变。自8世纪以来，欧洲大陆的主要社会组织形式就是封建制度，在这一制度下，所有土地归地主所有；为换取地主的收容，农民们要付出劳动，有时候还要服兵役。在封建制度下，大多数人是农民和农奴，他们一出生就被束缚在土地上，一直服从地主的意志。作为地主，他们则有义务保护他们庄园的农民和农奴。欧洲经济仍然以农业为主，绝大多数人要么直接从事农业或畜牧业，要么从事纺织、染色和酿造等相关行业。所以封建制度既是一种社会制度，也是一种经济制度，每个地主的土地大部分都能够自给自足。

黑死病

导致封建制度产生变革的根本原因是人口变化。14世纪中叶，一场名为黑死病的瘟疫夺走了非洲大陆近一半人的生命。幸存者几乎无法种植或收割庄稼，整个城镇都空无一人。劳动力如此短缺，以至于曾经被束缚在土地上的农民，此时已经是价高者得了。

黑死病的影响加速了欧洲社会已经开始的进程。在以前的封建制度下，农奴需要付出劳动以换取地主的庇护，而此时他们还获得了货币报酬。有的农奴还可以正式从地主那里租用农场。这些变革为建立一个没有农奴或奴隶的社会奠定了基础，而在这个社会中，封建制度下的许多义务也将会被货币体系所替代。

欧洲城市

欧洲的城镇变得越来越重要。伦敦、巴黎和吕贝克等城市成为繁荣的人口和贸易中心。人们可以在这里接受教育，或者从事贸易、手工艺等工作以换取货币。人们在从事了某一个特定行业之后，就知道他们可以购买那些自己没有生产的商品，于是劳动分工也变得更加专

这是1488年发布的一张地图，伦敦已经成为英国人口最多的城市，凭借其河流与海域之间的良好沟通，它成为一个繁荣的贸易中心。

业化。正是这样的机遇，在黑死病前后吸引了来自农村的源源不断的农民。在这些新来者之中，有一部分人发家致富了，而另一部分人则发现，他们只是越来越多的失业农民中的一员，是不再享受封建地主庇护的下层阶级。乞丐横行，罪犯猖獗，逐渐成为这个时代的一大特征。

城镇越多，它们为贸易与制造行业提供的机遇就越多，同时为农产品市场提供的机会也就越多。随着城市中心的不断繁荣，他们的公民开始争取政治自决权。富商们不再希望受封建贵族利益所支配，他们建立了市镇议会，反映他们自己关心的问题。在以前的德国，出现了许多自由城镇，除了自己的主要公民之外，它们不承认任何政治权威。

城镇的发展带来了新的社会组织形式。手工业者建立了行业协会保护其成员的利益，就像早期的工会一样。例如，一方面他们会对培训提出要求，或制定商品质量标准，从而保护其工艺的良好声誉；另一方面，他们往往会抵制那些可能威胁他们收入的技术创新，因此也就成为致力于维护自己特权的顽固保守派。1589年在比利时的列日，布业协会禁止引进一种可提高织布工人产量的新型织布机，声称是为了保护其贫困成员的生计。

经济与战争

导致封建制度衰落的其他因素，还包括战争和政治的性质发生了改变。近代早期，逐渐出现了民族国家，也就是具备集权政府和确定国界的政体。但并不是所有地方都是如此。例如，在英国、法国和波兰都出现过强大的君主制政权，但德国仍然是神圣罗马帝国势力范围内的诸多独立小国的集合，意大利半岛也有许多非常独立的城邦，包括威尼斯共和国和佛罗伦萨共和国。在这种情况下，贵族王朝开始争夺中央集权，较小的国家或城市之间为争夺贸易控制权大打出手，并且在15世纪演变成了地区战争。

在过去，参与这些战争的一般是骑兵部队再加上由封建地主收容的农民组成的步兵。但是，随着火药武器的出现，更为专业的武装部队加入了战争，逐渐取代了骑兵和封建军队。一方面，农民更愿意向地主支付货币，而不是付出劳动或参加兵役，另一方面地主也更愿意接受金钱，从而购买武器并雇用训练有素的部队。这些士兵会根据特定期限的合同进行战斗，

荷兰画家简·马塞斯（Jan Massys）在1539年创作的《征税者》(*The Tax Collector*)。高效征税为日益集权的欧洲政府提供了至关重要的支持。

欧洲贸易展览会

在中世纪，特别是13世纪和14世纪，欧洲贸易的集中场所是一系列周期性举办的贸易展览会。无论远近，来自四面八方的商人聚集到一起，在几个星期的时间里，他们用手推车、帐篷和大篷车组成了一个临时的集镇。展览会结束时，商人们便带着购买的货物踏上了各自的征程。有的商人把羊毛等原材料交给制作布料的人家，然后再把布料拿到另一个集市出售；有的商人会带着商品去和其他集市的商人交易；还有的商人会把库存商品和当地市场的热门产品摆在一起，直接卖给消费者。通过这种商人之间近距离的交易，不管是来自欧洲，还是从东亚或北非远道而来的商品，都遍及了整个欧洲大陆。

许多重大的展览会聚集在欧洲贸易的中心地带，大致是从意大利南部和阿尔卑斯山到北部的低地国家，从西部的法国和西班牙到东部的德国和中欧。最著名的展览会在现在法国北部的香槟举行。后来，在现代瑞士日内瓦的展览会也变得重要起来。其他重要的展览会分别在意大利的帕维亚和米兰、德国的法兰克福和莱比锡以及英国的伦敦举行。除了作为贸易中心，许多展览会上还保持着劳务交流，佣人和劳工可以在这里找工作。

这是一幅当代画作，描绘了1530年左右荷兰的一个布料市场。英格兰出产的大批羊毛，通过集市传播到了整个欧洲大陆。

随着商业性质的变化，贸易展览会在欧洲经济中的重要性逐渐降低。到18世纪，永久性商店基本上取代了临时集市和市场，成为商品买卖的场所。交通和通信条件不断改善，大宗商品在欧洲大陆的运输变得更加便捷，展览会的重要性进一步被削弱。但是，有一些集市也确实存活了下来。它们的优势在于，把贸易集中在一个地方，让商人们交流信息、评估市场形势与各类产品需求，并确定有竞争力的价格。

在此期间，他们可以获得报酬，也许还有机会获得战利品。这一变化标志着雇佣军逐渐登上历史舞台，他们将在接下来的几个世纪占据主导地位。

政府与贸易

近代早期，欧洲强大的王朝君主制削弱了其他封建地主的政治统治地位。在包括瑞典、英国和法国在内的一些国家，贵族们为了保持影响力或建立新的机构，从而在政府中拥有发言权，他们有时甚至会采取暴力手段。地主阶级地位遭遇的另一个挑战来自贸易城市，例如意大利的威尼斯和佛罗伦萨、弗兰德斯的布鲁日、英国的伦敦、低地国家的安特卫普和阿姆斯特丹。这些城市的富商采取的是传统贵族的套路，就是向宗教场所进行慈善捐赠，比如赞助艺术家。他们获得了极大的影响力，不仅是在城市中心，而且遍布整个欧洲经济。

贸易对于民族国家增加黄金和白银库存的重要性，通常是通过对商人征税得以体现的，这意味着政府在决定优先事项时，必须至少关注一下欧洲商人的需求。一些政府鼓励商业资本主义，也就是为投资的商人提供帮助，从而进一步积累利润。

保护与垄断

有的国家缺乏金矿或银矿，需要寻求其他方式来积累财富，那么在这些国家，政府和商人之间的联盟就特别重要。有的国家会利用政府对外贸的控制，维持出口对进口的顺差，从而确保其他国家的贸易商在交易时支付黄金或白银。商人也会敦促政府固定价格，以免遭受外来竞争的削弱。国家会以多种方式干预经济。君主们发现了一些有利的做法，比如，让他们的支持者享有垄断特权，允许他们成为指定产品或指定区域的唯一供应商或经销商，还有就是控制海外殖民地的商品销售。

垄断是指，某种商品或服务的供应方只有一个卖家，而且没有相似的替代品。为了维持军队和法院的运作，同时也要保持自己的生活方式，统治者就会想方设法地保持现金流，对他们而言，垄断就是一个非常有用的办法。统治者会向支持者颁发特许，让他们在基本必需品的贸易中占据垄断，比如食盐和烟草。反过来，统治者也将从垄断所得的利润中获得充足的提成。欧洲大多数主要国家也会授予私营公司垄断权，从而激励他们在新土地上进行开发与定居。因此，各国政府都鼓励在美洲和亚洲定居，而不是冒险投资。但是，由于君主有权授予垄断许可，也导致了许多滥用职权的做法。垄断者的获利，是以牺牲其他商人或投资者的利益为代价的。

这是15世纪教堂窗画的复制品，描绘的是旅客正在支付过桥费用。过路费和海关关卡的激增使得商人的公路旅行成本一路高涨。

宗教改革与财富

贸易的繁荣伴随着深刻的宗教变化。1517年德国修士马丁·路德制订了《九十五条论纲》(*95 Theses*)，抗议天主教会内部滥用职权。这一抗议引发了一场运动，并最终产生了一种新的基督教宗派，也就是新教。

中世纪的宗教教义追随了古希腊哲学家亚里士多德和学者圣托马斯·阿奎那（Saint Thomas Aquinas）等早期思想家的论点，也就是对财富及其积累表示谴责。教会认为，精神生活比物质生活更重要。天主教会尤其谴责高利贷或对贷款收取利息的做法，他们认为这是一种不劳而获的原罪。这有效地阻止了富商向其他投资者提供贷款。

教会试图适应不断变化的经济世界，然而天主教徒却逐渐改变信仰去适应生活，于是追求财富所背负的负面含义慢慢消失了。1515年，德国天主教神学家约翰·埃克（Johann Eck）提出了一个方案，将贷款重新归类为允许获利的投资合同。这样的话，基督徒用借来的钱进行投资就变得合法了。

企业家和野心

在这种变化之中，有一类人应运而生，并且在后来的经济体中始终占据着重要的地位，

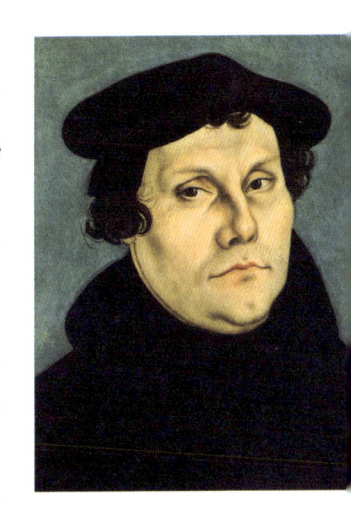

这幅现代版画中的人物是马丁·路德（Martin Luther），他发起的改革对天主教会的权威构成了挑战。

他们就是企业家或冒险者。资本主义的一个关键因素是投资行为,或其他存在收益预期的活动。因为未来总是不可预测的,收益与风险是并存的,就好比满载货物的船也可能会沉没。往更大了说,为了建立殖民地花费巨资去探险,最终可能会失败,或者在很长一段时间都无法收回成本。用获得资金进行投资,善于发现获利机会,以及时刻准备承担风险,这就是企业家的角色。

企业家的出现是早期现代欧洲更普遍的心理变化的标志之一。中世纪世界流行的是宿命论:一个人在社会中的地位,就像庄稼歉收或大教堂倒塌一样,是由上帝的意志决定的。这种观点使人们很容易就接受自己的命运。而随着封建制度的衰落,在佛罗伦萨或阿姆斯特丹等城市建立以货币为基础的社会,催生了一种更积极主动的世界观。在这种世界观中,个人可以通过教育改变自己的命运,或者通过成功的贸易改善自己的生活。只要有野心有欲望,人们就可以影响自己的生活。

新教和资本主义

德国经济学家和社会学家马克斯·韦伯(Max Weber)提出了一个著名理论,将资本主义的发展与改革后的伦理和宗教观念直接联系起来。韦伯认为,新教看重勤奋和节俭的美德,强调个人的重要性,而资本主义也是如此。韦伯还认为,尽管东亚地区在可用资源和技术知识方面与欧洲相差无几,但是在佛教和印度教等宗教的影响下,东亚盛行的哲学思想阻碍了这一地区资本主义的同步发展。例如,在信奉佛教的日本,商人的社会地位就很低。韦伯的理论在相当长一段时间内颇具影响力,但是并未受到历史学家的普遍支持。例如,他们指出,参与市场经济的许多行业和个人并没有接受新教。

韦伯的理论也未能反映宗教改革的复杂性。这远远算不上是一次统一的运动，它在西欧各地区产生了各不相同的结果。在有些地方，封建贵族和天主教统治者认为，他们的权力受到了商业阶级和君主统治者的挑战；而在其他地方，统治者则认为，由于天主教对新教做出的积极回应，他们的地位得到了巩固。

随着天主教会的权威被打破，欧洲部分地区获得了更大程度上的政治、宗教和文化独立。法国曾在长达60年的宗教战争中饱受蹂躏。那是天主教和新教教徒——也就是胡格诺派——之间爆发的一系列激烈斗争。尽管如此，天主教仍然在法国占主导地位，比利时也是如此。另外，在英格兰出现了新教的极端形式，即清教主义，它是引发内战的一个重要因素，君主制也曾被共和制短暂取代。

总的来说，无论是宗教改革运动，还是反宗教改革运动，两者都推动了民族语言和文学的发展，也促进了民族主义情绪的增长。凭借在这一时期新引进的印刷机，以前只能用拉丁文出版的宗教文学作品，就可以用方言或白话出版。此外，大批新学校的开办也促进了大众教育。

经济工具的发展

印刷书籍的普及、新教对阅读的推广以及方言的使用，让欧洲大部分地区的识字率得到了提高。如此一来，沟通更加顺畅，记录保存也更加准确，从而也更便于商家保存账户。

意大利数学家卢卡·帕乔利（Luca Pacioli）和其他学者一起撰写了实用书籍，指导商人记账。帕乔利还发明了沿用至今的复式记账系统。在这个系统中，每笔交易都会被记录两次，分别作为借方和贷方的账户，通常记录在分类账的正反页面上。利用这个系统，公

汉萨同盟

在15世纪,一个名为汉萨同盟的城市联盟主导着北欧的贸易。这个同盟的根源在现代德国。当时的德国既是神圣罗马帝国的一部分,也是由多个寻求独立的公国拼凑而成。城市居民通过向皇帝和王侯纳税,以免于履行其封建义务。在新出现的自由城市中,发挥主导作用的是大力推动贸易的商人。

在12世纪末13世纪初,德国商人控制了波罗的海贸易,形成了联谊会或协会,以保护自己免受强盗和海盗的侵害。在13世纪后期,这些协会逐渐发展成为一个联盟,其中包括吕贝克和汉堡等城镇。

联盟旨在促进其成员的利益:例如,它建造了许多灯塔,并将度量衡标准化。通过获得商业特权、在国外建立飞地和建设新城镇,联盟开始着手组织贸易活动。到了14世纪,联盟发展取得了巨大的繁荣,它将粮食、木材、亚麻和毛皮从俄罗斯和波兰运往佛兰德斯和英格兰,再从那里换取布匹。

在14世纪和15世纪,随着波兰-立陶宛和莫斯科等强大的民族国家逐渐形成,再加上大西洋航线的重要性日益提升,汉萨同盟的影响力开始减弱。到1500年,荷兰水手窃取了汉萨同盟在北海的贸易地盘。到了17世纪,瑞典人开始统治波罗的海,汉萨同盟几乎名存实亡。

这幅16世纪的版画展示了位于弗兰德斯安特卫普的汉萨同盟住宿区。这一同盟在弗兰德斯的布鲁日、挪威的卑尔根、俄罗斯的诺夫哥罗德和英国的伦敦等城市建立了贸易飞地。

司只要确保借贷双方总额相等就可以实现账目平衡,而且允许产生收入和盈余报表。

其他书籍主要是在以下几个方面提出了建议:如何将不同数量的白银兑换为货币、如何计算价格,以及如何在不均等的投资者之间分配利润。这些技能是非常重要的。不同的地方在测量货物的重量或长度时标准不一,而且几乎每个公国都铸造了自己的硬币,贵金属含量也各不相同。16世纪20年代,德国艺术家阿尔布雷希特·丢勒(Albrecht Dürer)在低地国家的一次短途旅行中指出,他必须用18种不同的货币进行交易。新的货币交易所建立之后,商人就可以在这里称重并兑换货币。

贸易改善

其他许多方面的发展都有助于克服贸易障碍。更先进的船舶使得海上货运更加便利,人们从而无须忍受缓慢的公路和河流运输,更别提运输过程中还要被当地公国征收大量过路费,光是在法国卢瓦尔河上就有200多个公国。日益强大的集权政府能够提供更多的保护,从而帮助旅行者在欧洲道路上抵御劫匪。

然而,对商业发展来说,最有用的就是汇

画家汉斯·霍尔拜因(Hans Holbein)于1532年绘制了这幅在汉萨同盟伦敦商站的一位无名商人的肖像,刻画出了商人和贸易商在记录时的严肃和谨慎的神情。

票。这是一个古老的发明，用票据代替硬币，最初是作为一种保证。举个例子，商人 A 将一定数量的木材卖给商人 B，并收到一张汇票，意思就是向商人 A 保证，可以凭这张汇票在另一个城市或国家获得一定数量的布料。

　　因此，长距离地运输笨重的材料也就没有必要。到了 16 世纪，这种票据已经和实际的货物转移没有关系了，成为一种纯粹的金融工具。汇票可能会在某个城市发行，然后过了一段时间在其他城市偿还。实际上，这种票据可以让商人在不同地方投资不同产业，而且无须进行任何的商品易手。1543 年，一位来自弗兰德斯的金融家曾说过："没有汇票就无法进行贸易，就像没有水就无法航行一样。"

这是 1338 年的一幅手稿，描绘了 1271 年商人马可·波罗从威尼斯出发前往中国的画面。威尼斯的贸易路线通过中东延伸到了中国和日本。

欧洲的扩张

随着贸易变得更加便利，贸易路线也变得更加国际化。从1350年至1500年，亚平宁半岛的城邦因国际贸易而日益富裕。威尼斯和近东的拜占庭帝国有着频繁的联系，后者由君士坦丁堡（现代伊斯坦布尔）统治。拜占庭人及其继任者奥斯曼土耳其人统治的帝国，牢牢控制了亚洲的陆地线路。威尼斯人利用这些线路建立了一个影响深远的贸易网络。13世纪，商人马可·波罗从威尼斯穿越亚洲造访中国皇宫。回来之后，马可·波罗就撰写了一部关于此次旅行的著作。

凭借其在地中海东部强大的海上力量，威尼斯共和国垄断了香料贸易。这些香料从东亚和中东运到威尼斯，然后运往整个欧洲。其他意大利城邦——热那亚和佛罗伦萨——也是贸易重地。由于繁荣的贸易，他们的商人和其他主要公民变得富有。这些人成为15世纪中期文艺复兴运动的赞助人。他们自掏腰包建造教堂和宫殿，竖立雕像，委托工匠作画、制作珠宝和挂毯。

银行业

意大利城邦的公民，特别是热那亚和佛罗伦萨，也在15世纪和16世纪引领了银行业的发展。一开始，支持新企业这个任务落到了可提供借款的富商头上。这些富商就成为商业银行家，他们提供资金以换取利润提成。银行业变得更加复杂，当时所有的银行都是私有的，它们的业务包括存款、兑换外币，以及贵金属及硬币的交易。佛罗伦萨金币弗罗林成为整个欧洲的贸易标准。

由于商业活动需要定期进行国际资金转移，所以银行变得越来越重要。金融权力为大银行家族带来了政治影响，例如，佛罗伦萨

银行业王朝

在15世纪和16世纪初主导欧洲银行业的各大家族中，德国奥格斯堡的富格尔家族因其显赫权力而著称。他们在欧洲建立了西方世界最大的金融帝国。汉斯·富格尔（Hans Fugger）在14世纪后期建立了这个王朝。他的儿子雅各布（Jakob）成为商人行会的重要成员，雅各布的儿子们又继续将家族企业扩展到威尼斯和罗马。其中最小的儿子雅各布二世（Jakob II）被称为"富人"，他因开采银矿和铜矿获得财富，并使公司规模翻了一番。

作为奥地利和西班牙哈布斯堡王朝的财政后盾，雅各布·富格尔在1519年资助查尔斯五世参加西班牙选举，并助其成功当选了神圣罗马帝国的皇帝。查尔斯还借了巨款投入与法国、土耳其和德国新教徒的战争。

雅各布于1525年离世，他的业务传给了他的侄子安东（Anton）。安东和他的兄弟们创造了富格尔家族辉煌的巅峰。他们拥有大量土地，可以铸造硬币，并且对土地拥有王权。和美第奇家族一样，富格尔家族的成员也收集了大量的图书和绘画收藏，而且大力资助了艺术与科技的发展。

阿尔布雷特·丢勒于1518年绘制的雅各布·富格尔二世画像。

的美第奇家族（Medicis）和奥格斯堡的富格尔家族（Fuggers）。银行家可以向城镇或欧洲统治者提供贷款。美第奇家族利用他们的影响力参加选举成为教皇，而富格尔家族则在1519年向西班牙查理五世提供了巨额贷款，帮助他成功当上了神圣罗马帝国的皇帝。银行业王朝的鼎盛时期持续了大约150年。到16世纪末，法国和西班牙的君主拖欠了巨额债务。许多小型银行纷纷倒闭，即便是强大的富格银行也遭受了严重的损失。

香料贸易

由于威尼斯垄断了与黎凡特——也就是地中海东岸地区——之间的贸易,它就会要求对香料等商品采用过高的定价。在欧洲,胡椒和丁香属于奢侈品,是用来掩盖食物臭味或是提味的。葡萄牙和西班牙等西欧国家都开始探索各自的海上航线,前往今属印度尼西亚的香料群岛。

在15世纪中叶,葡萄牙航海家亨利王子(Henry)创办了一所海军学校,专门训练水手,改进造船技术。葡萄牙人发展出了卡拉维尔帆船,这是一种坚固的帆船,其装配方式使其能够在逆风时以Z字航行,这种技术被称为"迎风换舷"。在亨利王子的鼓舞下,葡萄牙航海家沿着非洲西海岸向南探索。终于在1488年,巴托洛梅乌·迪亚斯(Bartolomeu Dias)绕过非洲大陆南端的好望角到达了印度洋。1498年,瓦斯科·达·伽马(Vasco da Gama)成为第一个通过海路抵达印度的欧洲人。很快,威尼斯人与印度、东亚及"香料群岛"(今天称为摩鹿加群岛)的贸易就落到了葡萄牙人手中。印度地区自身物产丰富,它们并不愿意与初来乍到的葡萄牙人做生意。

发现美洲

1492年,热那亚人克里斯托弗·哥伦布(Christopher Columbus)代表西班牙开启航程,寻找通往印度群岛的新航线。这次航行是由经济动机所推动的:哥伦布正在寻找一条通往"香料群岛"的更快路线。受古代文献的启发,再加上当时人们估计的地球比实际要小得多,于是哥伦布向西航行穿越大西洋。当他在巴哈马登陆时,他认为自己已经到达了一个亚洲群岛,并将这些岛屿称为西印度群岛。在接下来的几十年里,西班牙、葡萄牙和英国的航海者探索了北美

和南美的东海岸，证实了美洲大陆的存在。

西班牙很快在加勒比海和南美洲建立了殖民地。1518年，西班牙征服者埃尔南·科尔特斯（Hernán Cortés）在墨西哥登陆，并且推翻了强大的阿兹特克帝国。1532年，弗朗西斯科·皮萨罗（Francisco Pizarro）从印加统治者手中夺走了秘鲁。葡萄牙人于1530年在巴西建立殖民地。1535年，法国人在加拿大建立殖民地。1585年和1587年，英国人第一次尝试在北美罗阿诺克建立殖民地但未获成功。随后在1607年，英国人终于在弗吉尼亚州建立了詹姆斯敦。

新世界带来了丰富的自然资源，例如木材，还有法国和英国船只在纽芬兰大浅滩捕捞的鳕鱼。16世纪40年代中期，西班牙人在玻利维亚

这幅当代版画描绘的是玻利维亚安第斯山脉高处的波托西，西班牙人在这里发现了他们所说的"银山"。

的波托西发现了大量银矿储备。与此同时，在中欧的波希米亚也发现了新的贵金属资源。白银和黄金涌入了整个大陆，贵金属的流入对欧洲大陆的经济及其力量平衡产生了深远的影响。它创造了更多的财富，也提升了购买力。

这是1599年一本书中的插图，描绘了叙利亚商人前往波斯湾的霍尔木兹。在这个港口每年会举办两次集市，是与东亚贸易的主要终点站。

一种新现象

大约在16世纪，欧洲人开始意识到一种新现象，通货膨胀，也就是物价普遍上涨，将成为一种常态化的经济状态。进入16世纪不久，物价开始快速上涨。在16世纪，整个欧洲大陆的物价平均上涨了4倍。

当时的观察家并不知道如何解释这一现象。然而，法国政治学家让·博丹（Jean Bodin）指出，"我们今天看到的高物价"，主要原因是欧洲拥有丰富的黄金和白银。许多现代经济学家都同意这一点。比如，根据美国经济学家欧文·费雪（Irving Fisher）提出的货币数量论，价格的变化与货币供应量和贸易量成正比：货币和贸易量越大，价格上涨的幅度就越大。

所谓的长期通货膨胀，其核心就在于新世界和波希米亚新发现的贵金属资源。新的金银供应来源大大增加了流通硬币的数量。西班牙铸造了大量硬币来支付军费开支，据估计，这笔支出消耗了大约70%的公共收入。从1554年到1648年，西班牙哈布斯堡王朝投入与荷兰的战争，后者当时还处在西班牙的统治下。后来在1618年到1648年的三十年战争中，西班牙又和他们的奥地利盟友并肩作战。因此，西班牙硬币大量涌入欧洲其他地区。流通中的硬币虽然增加了，但工商行业的产品和服务产出没有跟上，所以货币就贬值了。工资远低于物价，导致工人收入的价值持续下降。欧洲下层阶级

这幅版画展示了15世纪神圣罗马帝国的铸币厂。工匠将哈布斯堡标志印在硬币上，监督员记录发行的货币。

的生活水平每况愈下。

与此同时，对商人来说，通货膨胀是一股强大的刺激力量。随着物价的上涨，如果囤积耐用物资在未来出售，就有机会大赚一笔。欧洲国家不同的通货膨胀率进一步刺激了国际贸易。

重商主义

政府一门心思搜罗黄金和白银，随着欧洲全球贸易水平的提高，最早的经济理论诞生了，就是重商主义。它对于通过贸易寻求财富做出了阐释、证明和指导。这一理论是17世纪英国的托马斯·曼（Thomas Mun）、法国的让－巴蒂斯特·科尔伯特（Jean-Baptiste Colbert）和意大利的安东尼奥·塞拉（Antonio Serra）提出的。

重商主义经济政策的基本目的，就是要加强民族国家的统一认识，商人和贸易家的利益得到加强，反过来他们的纳税也会使中央政府受益。至少在一定程度上，政府的监管需要创造一种有利环境，使商人能够获得金银，发展农业和制造业，并取得对国外贸易的垄断。

财富的积累

重商主义最显著的特征，就是国家专注于以黄金和白银的形式积累财富。这些资源对于确保一个国家的生存是必要的，特别是在生活成本高昂的官僚时期和战争时代。由于大多数国家没有天然丰富的金银矿藏，因此，获取金银的最佳方式就是实现贸易顺差，也就是保持出口超过进口。在这种情况下，外国在进口产品时就需要支付黄金或白银。重商主义国家也支持低工资的做法，它们认为这会降低人们购买外国商品的能力，从而导致出口过剩，增加黄金的

流入，最终阻碍进口。

从16世纪开始，英国通过了一系列航海法案，努力确保只有英国船才能从其他国家运输进口货物，只有英国才能从贸易中获利，从而进一步加强了对贸易的控制。在这一体系的鼎盛时期，也就是17世纪和18世纪，某些商品，比如糖、大米和烟草，只能通过英国船只从英国殖民地进口到英国港口。这种做法抑制了殖民地的贸易。航海法案成为1775年美国爆发独立战争的一个重要原因。

随着重商主义在16世纪变得越来越重要，当时的一些观察家抗议说，一个国家的真正财富不在于其对贵金属的囤积，而在于其开发资源或制造商品的能力。然而，对大多数人来说，

威尼斯16世纪时期的一座仓库，是当时与黎凡特进行贸易的德国商人建造的。

重商主义似乎已经成为常识。一个国家拥有的金银越多，它就会更加富有和强大。即使是指责重商主义的评论家，也仍然把贵金属的积累作为经济理论的重点。直到后来，亚当·斯密等经济学家才批评重商主义政策的负面影响，它阻碍了竞争和创新，使弱小经济体的发展陷入停滞。

国内政策

重商主义者对贵金属的担忧也影响了国内政策。各国政府认为，保持低工资以及确保人口持续增长是至关重要的。大量低薪人口可以生产更多商品，并以低价出售给外国人，从而增加资金的流入。男人、女人和孩子都必须工作，按照当时的观点，孩子越早开始工作，就越有利于国家的繁荣。一位重商主义思想家写道，应该将4岁的孩子送到济贫院，在那里孩子们每天除了2小时阅读学习外，其余时间就"按照年龄、体质和能力分配到最适合的工厂，便于充分就业"。公民只不过是为了国家的利益而存在的生产工具，而重商主义政策就是这种理论的必然结果。

欧洲和世界

在早期航海者的航行之后，欧洲国家在美洲、亚洲以及非洲的小部分地区建立起了庞大的殖民帝国。要建立与殖民地之间的贸易，殖民母国就必须建立贸易站和港口，这反过来又鼓励了欧洲人在殖民地定居。稀有的奢侈品进口逐渐减少，大体积商品运输量不断增加。为了赢利，就需要廉价劳动力进行生产，比如开采矿石，或是种植甘蔗、棉花、咖啡、可可、茶叶以及烟草。

欧洲人常会强迫原住民在矿井或种植园劳动。欧洲人把天花等

疾病带到了美洲，使毫无抵抗力的美洲原住民遭到了严重摧残，于是欧洲人又盯上了黑奴。商人在非洲俘虏了大量男女，还购买了许多战俘。商人先把他们安顿在沿海的堡垒中，等到有足够的货物装满货船，然后就带着这些奴隶前往西印度群岛或北美。许多奴隶丧生于跨大西洋的"中间通道"，而活下来的奴隶会被卖掉，经常从事繁重的工作。

1495年，现代"会计学之父"卢卡·帕乔利（Luca Pacioli）正在与一位贵族赞助人一起作画。

股东和公司

新的商业组织形式促进了大规模贸易。非

正式协会逐渐被正规的伙伴关系所取代。从17世纪开始，荷兰开始在亚洲建立殖民地，和以往不同的是，此时过来的船只的所有者是股东，而不是船长或是航行的组织者。投资者持有股份，也就承担了船只或是航程的部分开支，从而为贸易活动带来了更大的灵活性。个人可以把资金分散投资到不同贸易领域，还可以将货物分散装运，发往不同的港口。贸易不再局限于旅行者或者有能力造船或负担整船货物运费的人。

伴随股东的出现，特许公司的创建也随之诞生。这些大企业由国家创办，但都是由私人拥有和经营，他们经常垄断国家贸易。特许公司既是企业，也是政府的延伸。例如，英国在美洲的殖民地是由英国王室特许公司建立的，

安的列斯群岛上的甘蔗种植园，位于西印度群岛。这种大规模农业由奴隶劳动耕种，为欧洲生产了许多新型商品，不仅包括糖，还包括烟草，以及后来的棉花。

目的是在新大陆建立定居点。有了特许公司，英国王室既能实现对地区贸易的控制，又可以代表英国对该地区实施管辖。

在17世纪和18世纪，在西欧出现了许多特许公司，进一步扩大了与东印度群岛的贸易。这些公司在不同程度上得到了政府的支持，他们被特许能够获取任何领土并行使政府职能，包括制定法律、发行货币、发动战争和司法行政。作为回报，政府希望通过出口贸易的增加，以及贵金属和其他资源的积累，从中获取巨大利益。

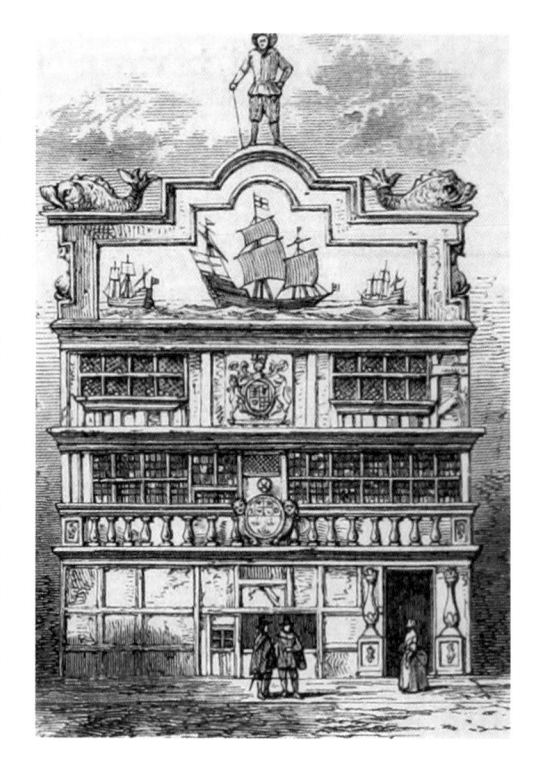

位于伦敦的东印度大厦，是英国东印度公司的早期总部。该公司日益强大，有效地统治了印度次大陆的大部分地区。

亚洲的力量

英国东印度公司于1600年从女王伊丽莎白一世（Elizabeth I）处获得特许状，并被授予在亚洲、非洲和美洲的贸易垄断权。这个公司由一位总督和24位董事管理，管理者都是公司的股东。1610年和1611年，英国东印度公司在印度的马德拉斯和孟买建立了第一家"工厂",或者说贸易站。1689年公司开始设立行政区。1751年和1757年,公司总督罗伯特·克莱夫(Robert Clive)击败了1664年特许成立的法国东印度公司,并开始了一段有效的公司统治时期。直到1857年发生反对公司统治的印度兵变。在这之后,英国政府才正式接管了印度次大陆的统治权。

与此同时,荷兰政府于1602年授予荷兰东印度公司从好望角以东到麦哲伦海峡的垄断贸易权,并准许其对获得的任何领土享有主权。自从在巴达维亚(今属印度尼西亚雅加达)建立殖民地首都开始,荷兰东印度公司的影响力通过马来群岛传播到中国、日本、印度和伊朗。1652年,该公司在非洲南部的开普敦建立了第一个欧洲定居点,并将其作为前往亚洲的船只的加油站。即使是在原住民普遍遭受虐待的殖民时期,这家公司对待当地劳工的方式也可以用残暴来形容。同时,它为股东创造的利润是非常可观的。从1602年到1696年,它每年支付的股息从未低于12%,有时甚至高达63%。

重心向北移动

荷兰、英国和法国在海上贸易中逐渐占据重要位置,但与此同时,来自新大陆的黄金和白银在欧洲经济中的重要性逐渐下降。欧洲的经济重心从西班牙、意大利以及地中海逐渐向北转移。1609年,第一家兑换银行在荷兰阿姆斯特丹开业。这家公共银行允许人们存款、兑换货币,后来还提供贷款。银行为客户的存款提供了一个保险库,并用自己的金银储备作为提供贷款的担保,大力促进了贸易和工业发展。17世纪后期,第一批由政府资金担保的公共银行分别在瑞典和英国成立,即瑞典银行和英格兰银行。

与现代银行一样,此类银行也运营着所谓的部分准备金(是指商业银行留下一部分准备金,把其余的资金全部贷出的制度)的业务系统。在这个业务系统中,银行发行的票据可以用实物黄金赎回,但票据的总价值大于黄金存款的实际价值。换句话说,银行的债务金额超过了准备金。这种做法是可行的,因为银行所有的债权人基本不会同时提取存款。

中国已经使用了几个世纪的纸币,可纸币在16世纪的西方才刚刚出现,它在当时是银行针对其存款发行的本票。各种各样的票据纷纷涌现:从1685年开始,由于从法国运钱的船开得太慢,法国在加拿大的殖民政府使用总督签署的扑克牌作为付款承诺。纸币的使用从18世纪开始在欧洲日益普遍,但它仍然是信用货币,意味着它可以兑换黄金或白银存款。

16世纪的银行业:一位威尼斯银行家正在装满钱袋的保险柜前数钱。

经济衰退

17世纪下半叶,来自新大陆的金银运输量下降,再加上30年战争的结束,导致欧洲经济活动出现了下滑。大多数欧洲国家的反应是,采用保护主义贸易制度,从而保护商业资本家的利益,并且对进口商品征税以保护国内企业。

欧洲的崛起

在这个普遍衰退的时期,荷兰共和国主导了欧洲经济。荷兰人不仅控制了利润丰厚的亚洲香料贸易,而且由于他们的海上优势,特别是快速平底船的发展,荷兰人还控制了北海鲱鱼和纽芬兰鳕鱼的贸易,并主宰了波罗的海的大部分贸易。跟他们先进的航海专业知识一样,荷兰的保险业务也得到了同步发展。主要港口阿姆斯特丹也成为集贸易市场、世界银行和保险中心为一体的经济枢纽。作为荷兰共和国的主要竞争对手,英格兰和法国只能奋力对抗其商业霸权,直到18世纪,他们终于推翻了荷兰的霸主地位。

早期弗吉尼亚工人正在晒鳕鱼干。17世纪,欧洲人开发海外领土,获得了丰富的自然资源。

理性时代和早期工业化

和许多其他思想领域一样,经济学在18世纪蓬勃发展,当时欧洲人开始全面审视他们所生活的世界。然而,农业和技术进步即将永远改变这个世界。

在17世纪末和18世纪末,不仅诞生了现代经济,而且还形成了许多在今天仍具有高度影响力的经济理论。在所谓的理性时代,许多欧洲人开始相信,通过客观与科学的方式研究事物,人类几乎可以了解自然世界和人类世界的一切运作方式。最早的时候,是思想家对经济生活进行了系统的研究,这些研究通常与其他领域有关,特别是政治和人口统计。经济学作

18世纪末,在工业化大潮之下,像英格兰科尔布鲁克戴尔这样的夜景变得越来越普遍,这在18世纪初几乎无法想象。

投机与失败

18世纪初期,各公司在海外开展了广泛且频繁的投机活动,这些公司向其股东承诺了丰厚回报。然而,随着投机活动的兴起,投资者的野心也越来越大,面临的风险也越来越高。1720年左右,英法的两家大公司的倒闭使大众对股份制公司的热情被泼了冷水。

南海公司是一家成立于1711年的英国公司,在当时的西班牙属美洲殖民地开展奴隶贸易。因为每年担保支付6%的股息,所以公司的股票卖得很好。投资者也很乐观,因为西班牙王位继承战争结束时签署了条约,允许扩大在该地区的业务。尽管公司在1717年的第一次贸易航行只取得了一定程度的成功,但乔治一世被任命为公司总督提振了投资者的信心。

1720年,公司的股票价值在6个月内增长了10倍,于是在政府的支持下,公司提议接管英国的国债。投资者争相购买南海公司股票。那些没买到股票的人,还经常被骗到其他地方进行"类似"的投资。然而,在9月,所谓的"南海泡沫"破裂,市场崩盘,公司股价到1720年年底已跌破繁荣前的水平。许多投

南海公司虽然倒闭了,但并没有打消英国挑战西班牙在南美周边海域统治地位的念头。这幅1744年的版画就展示了英国海军上将乔治·安森(George Anson)在袭击西班牙商业资产后凯旋。

经济简史

> 资者都破产了。
>
> 　　南海泡沫破裂并不是投机者经历的唯一失败。1720年"密西西比计划"的崩溃使法国和欧洲其他地区投资者遭受重创。17世纪上半叶曾有过此类事件的先兆，当时荷兰的普通家庭将房屋或企业抵押以购买郁金香球茎。从1633年到1637年，在所谓的郁金香狂热的巅峰时期，稀有球茎的价格涨到了天文数字。一个球茎可以换一间工厂或房子。然而，在1637年，公众突然失去信心导致市场崩溃，大量投资者纷纷破产。
>
> 　　在商业周期中有繁荣也有萧条，而如此触目惊心的商业崩溃是商业周期的极端表现。快速衰退取代了快速增长，类似的事件在1887年和1929年的股市崩盘也有发生，这两次事件都导致了国际萧条。对大多数现代国家而言，有一项经济要务就是寻找方法实现持续增长，同时不会因发展过快而导致崩溃。

为一门学科日益兴起，带来的最重要结果之一就是，以前占主导地位的重商主义学说受到了自由贸易论点的挑战，后者主张贸易不应当受到规则、税收或是进口关税的限制。

政府与贸易

　　在18世纪初，许多欧洲人似乎认为持续了几个世纪的海外扩张将继续下去。在英国和荷兰东印度公司领导下，大型合资企业开始主导殖民帝国的经济和政府。在源源不断的利益驱使下，新公司纷纷成立，进行海外投资。这些公司发现，只要把众多寻求高回报的投资者的资源聚集起来，就很容易筹集到大量商业资本。

　　然而，对股份制企业的热情也有负面效果。一方面投资者过分乐观，另一方面公司本身往往存在不正当的操作，于是就助长了对海外企业的过度投机。大多数投资者是欧洲的富裕或中等富裕的公民。最终，野心勃勃的商业计划都失败了，特别是英格兰的南海公司和密西西比计划，后者是由法国资助的北美定居计划，最终宣告失败。这些金融灾难的影响远远不止其投资者的破产。在1720年之后的100多年里，英格兰议会严格限制政府采取企业组织形式从事商业活动。到了18世纪中叶，越来越多的评论家开始指责商业投资与政府之间的密切联系。尤其是在法国，出现了一个主张经济活动自由化的学派。这个被称为重农主义者的团体在经济学中引入了一个法语词"自由放任（laissez-faire）"，字面意思就是"随它去吧"。

苏格兰金融家约翰·罗（John Law），他的密西西比计划以失败告终，并最终导致了股市崩盘，整个欧洲对股份制企业失去了信心。

重农主义者

重农主义者反对政府利用法律和税收来影响经济，他们认为这是干预主义的做法。他们还致力于维护地主对商业资本家的重要性。根据重农主义者的说法，所有财富都源于农业，而不是贸易或工业。这一学派的理论家认为，那些代表商人利益的规定——例如授予垄断权以及政府的其他干预——违背了经济行为的自然规律。根据这一规律，私有财产、贸易自由和国防共同组成经济活动的框架，从而使其能够自行发展，这个理论后来就演变成为自由放任学说。

主要的重农主义经济学家之一弗朗索瓦·魁奈（François Quesnay）是第一个构建经济投入产出模型的人。魁奈十分强调大规模及普遍的因素，他也预见了宏观经济学领域的出现。魁奈是研究投入产出分析的先驱，他用图表展示了支付与商品在经济部门中的流动。20世纪的经济学家瓦西里·列昂季耶夫（Wassily Leontief）在魁奈的基础上实现了投入产出分析理论的进一步发展。

重农主义者认为，经济生活具有自然秩序，国家的任何干预都是有害的。在重商主义时期，政府为了积累国家财富而采取重商原则，究其根本，就违背了所处时期的传统经济学说。反观重农主义者，他们则是自由市场体系的先驱。在他们看来，国家在经济中应当发挥的唯一正确作用，就是保护财产并维持自然秩序。

重农主义与启蒙运动

重农主义者是18世纪启蒙运动中的风云人物。这一运动主张理性支配情感，良心高于法规，在法国尤其具有影响力。在某些方面，重农主义者对商业自由的倡导，反映了伏尔泰（Voltaire）和卢梭等法国哲学家对良心自由的呼吁。卢梭主张每个人都需要实现个人成就，并将重点放在情感需求的满足上。

人们对理性力量的信仰，也日益凸显了传播知识的重要性。与启蒙运动的众多主要人物一样，魁奈也为德尼·狄德罗（Denis Diderot）

作为启蒙运动的主要人物之一，让-雅克·卢梭提倡实现某种形式上的个人满足，这似乎与后来的工业化社会生活相冲突。

理性时代和早期工业化

编撰的百科全书贡献了文章。这项浩大的工程目的是提供许多领域的知识及理论的摘要。

狄德罗和他的同事，可能包括魁奈，正在讨论狄德罗庞大的百科全书的进展。这部历时20年完成、长达28卷的著作，对包括经济学在内的许多实践学科的启蒙思想进行了全面且有影响的调查。

农业至上

重农主义者认为，经济的生产阶级是由从事农业和生产初级产品的人组成的。农民积累了财富，然后通过贸易再分配给社会其他群体。工商业在本质上是非生产性的：单靠农业就可以增加国民财富。

重农主义者坚持认为，财政收入的获取应当通过对土地征收单一的直接税来实现。只有

65

亚当·斯密与《国富论》

　　亚当·斯密被普遍认为是现代经济学之父,他于1723年出生在苏格兰爱丁堡附近的寇克卡迪小镇。他曾在格拉斯哥大学和牛津大学学习,在28岁回到格拉斯哥担任逻辑学教授。正是斯密提出了一个颇具影响力的概念,即竞争性市场对经济的作用就像一只"看不见的手"。个人会根据自身利益做出选择和决定,而市场本身将确保资源分配符合所有人的利益,并不需要监管或人为限制。

　　斯密20多岁就开始在爱丁堡发表公开演讲,在那里他首次谈到了经济哲学是"明确而简易的天赋自由制度"。也是在这个时候,他结识了有影响力的哲学家和经济学家休谟,并成为密友。

　　13年后,斯密离开格拉斯哥,成为年轻的巴克卢(Buccleuch)公爵的导师。1766年他辞去了这份工作,公爵每年会支付300英镑的退休金,按当时平均工资约为每年30英镑的水平来说,这确实是一笔可观的收入。有了这笔退休金,斯密才能在接下来的10年里在寇克卡迪和伦敦潜心撰写《国民财富的性质和原因的研究》,也就是《国富论》,并且最终于1776年出版问世。这本书是阐述自由放任主义或自由市场经济的第一部重要著作。它提出了这样的理论:要产生最佳的经济和社会结果,那么经济体系的建立就要基于个人自身利益,而不是外部干预和控制,例如,政府施加的法规。根据斯密的说法,竞争性市场中的每个参与者"都被一只看不见的手牵着走,去实现一种他无意要实现的目的。"斯密的理论成为西方世界古典经济学的基石,并且仍然是当今大多数经济思想的核心。

　　斯密的古典经济学提出了假设,市场中的每个人都纯粹出于自身利益的驱使。消费者的动机是渴望通过消费商品或使用服务获得最大程度上的满足感,无论是吃三明治,

这是一枚苏格兰便士,一面印有象征着码头上自由贸易的图案,另一面则是亚当·斯密的头像。

还是看自己最喜欢的歌手开演唱会。与此同时，生产商希望通过销售三明治或举办演出获得最大利润。工人、租户和资本家也希望通过自己掌握的要素——劳动力、自然资源、资本——赚到最多的钱。制作三明治或在音乐会舞台上操纵灯光的人也希望自己获得最多的报酬。还有出租铺位给三明治商店，出租音乐厅或音响设备的人，都想要最大限度地提高租金。

斯密认为，这种经济体系并不像看起来那么混乱。不同人群之间成千上万次的独立交易实际上将有效地分配资源，以使所有相关人员利益最大化，从而也为整个社会带来最大化的利益。政府或任何其他机构没有必要实施干预以引导资源，那只"看不见的手"可以完成这项工作。《国富论》还阐释了专业化、商品交换和货币发展如何导致商品和服务的大量增加。

斯密写《国富论》时，英国刚刚进入工业革命的初级阶段。农业、交通和制造业的新技术彻底改变了经济。许多人认为，需要保护不断增长的英国市场，使其免受廉价进口商品的影响，从而积累黄金储备，为进一步的工业化提供资金。结果就是，经济体系建立在保护主义、经济限制和贸易法律约束的基础上。斯密倡导的"自由贸易"也因此与传统的经济思想背道而驰。

1776年《国富论》出版后，斯密被任命为海关和盐税专员，并与他的母亲一起住在爱丁堡。后来他就长住于此，直到1790年7月17日去世，享年67岁。斯密的一生似乎都在研究两部专著，一部关于法律的理论和历史，另一部则关于科学和艺术，然而在他去世后不久，他的大部分手稿都被销毁了。他把很大一部分收入都用在了秘密的慈善活动上。

农业阶级才有能力生产剩余产品或净产品，国家可以从中获得资本来扩大商品流通或提高征税。其他行业，比如制造业，都是贫瘠的，因为它们不会产生新的财富，只是把生产阶级的产出进行转换或流通。重农主义者声称，既然工业没有创造财富，那么国家如果要增加社会财富，它对经济活动实施严格的监管与指导是毫无用处的。

古典经济学

重农主义包含了许多创新思想，但在某些方面，它几乎一出现就显得过时了。它的中心原则是农业优于其他经济活动，这与制造

专制主义

17世纪末和18世纪欧洲的经济理论是在专制主义主导的世界中发展起来的。专制主义的拥护者认为，完全服从单一意志是国家建立秩序的唯一途径，如果有一位强大的领导，这一秩序将会更加稳固。由单一的统治者行使权力就能产生一个强大的政府。这样的统治者通常是一位君主，他可以不受教会、贵族或政治团体的约束而行使权力。最著名的例子是1643年到1715年统治法国的路易十四（Louis XIV）。路易十四断言，"L'état, c'est moi"，意思是"朕即国家"，把自己与民族国家等同起来。在17世纪和18世纪，西班牙、普鲁士、奥地利和俄国都由专制君主所统治。

"太阳王"路易十四，图中他穿着芭蕾服扮演太阳，为欧洲的绝对统治者树立了榜样。雍容华贵的外观对统治者的个人和政治威望有着重要的影响。

专制主义经济政策与自由放任原则相去甚远。例如，路易十四的财政部部长让-巴蒂斯特·科尔伯特（Jean-Baptiste Colbert）修改了进口关税制度，并鼓励工业和新公司的发展。他相信，工业产出的增加将提升法国在国际贸易中的份额，并且由他建造的高质量商船队进行运输。一方面要应对外国的关税，1672到1678年法国与荷兰甚至因此开战；而另一方面法国的贸易商对政府干预商业非常不满，科尔伯特的一系列举措最终都失败了。

事后看来，科尔伯特的制度对法国经济产生了负面影响。18世纪，其他国家，比如英国，都开始了现代化进程，法国政府非但没有鼓励增长，反而不断加强政府对企业的打压与控制，因而导致经济停滞不前、效率低下。

业重要性日益凸显这一趋势是相冲突的。技术发展虽然被重农主义者所忽视，但它正在刺激欧洲部分地区的工业化进程，这也通常被称为是工业革命的开端。18世纪60年代，亚当·斯密在巴黎与法国许多理论家过从甚密，他对这些人的反重商主义思想印象深刻，但也意识到他们的"自然法则"作为一种经济理论，存在严重的内在缺陷。

国富论

亚当·斯密的《国富论》是古典经济学的基础，也是迄今为止出版的有关古典经济学最重要和最有影响力的著作之一。它将重农主义者的一些想法与斯密职业生涯早期发展的理论相结合。这本书在1776年首次出版时，自由贸易的概念就已经在英国和美国受到了追捧。尽管这本书在部分地区受到了热烈的欢迎，但并不是所有人都会立刻相信斯密的理论。例如，英国政府在后来几十年走的仍然是重商主义道路。

正如其标题的含义，《国富论》分析了哪些因素能够提高社区或国家财政实力。斯密抵制重商主义理论所倡导的学说，他称为"政治经济学的错误学说"，这些理论强调的是，获取国家财富的途径是积累金银。相反，斯密研究的是通过其他方式，推行自由企业制度就能实现更大范围的繁荣。

在调查世界经济时，斯密发现了大量他认为无用或有害的监管。他的结论是，最好取消对商业的这种限制，让供需关系自由发挥其经济作用。所以，他认为："所有受限制或有偏重的体系都会消失，而明显又简单的天然自由体系会自行建立起来。"

自身利益

斯密的体系强调，要促进国家繁荣，允许个人追求自身利益也是一种重要的手段。他认为，自利不仅是所有经济活动的动力，也是最重要的公共利益的源泉。他写道："我们期望的晚餐并非来自屠夫、酿酒师或面包师的恩惠，而是来自他们对自身利益的特别关注。我们不求助于他们的博爱，而是求助于他们的自利心。"换句话说，人们工作是为了赚钱或养活自己，而不是出于帮助他人的慈善冲动。

斯密认为，个人交易是受到自身利益的驱使。价格由所有交易的总和决定，斯密称为市场中"看不见的手"。市场确保了个人的自利行为能够为整个社会带来最好的结果，或者说是最优的生产结果。因此，斯密反对传统观念对自我充实怀有敌意，这种敌意至少可以追溯到古希腊哲学家亚里士多德。相反，斯密认为，个人的经济抱负对实现公共利益是必不可少的。

商品的价格可能由市场供需决定，但衡量经济财富的基本标准是劳动力，而不是重商主义者认为的金银。通过将价格纳入经济方程，斯密提出了现代经济学结构，并确立了价值和分配原则。斯密首先提出了著名的劳动价值论，根据这一理论，价格由生产中投入的劳动量和维持生产的成本决定。斯密认为，要提升一个国家的财富，首先是凭借"其劳动力运用的技能、熟练度和判断力；其次，取决于受雇于有用劳动的人数与未受雇用人数之间的比例"。

劳动力分工

在《国富论》中，斯密描述了个人职业的专业化，并称为劳动分工。斯密以制造别针为例进行了论述。在这个著名的例子中，如果由一个人完成所有工序，那么制造商每天可以制作20枚别针。斯密提出了一个流程，将每一枚别针的生产流程分为多个不同的阶段。一个人拔丝，另一个人弄直，第三个人切断，第四个人磨针尖，第五个人打磨其顶部以便装上别针头，依此类推。亚当·斯密认为，用这种方式，在每个流程安排10名工人，每天就可以制作48 000枚别针。

斯密还认为，只有当人们知道他们能够用自己的劳动换取食物、住所和交通等其他商品和服务时，他们才有可能整天专注于制作别针。换句话说，劳动力的专业化将会提升交换的重要性，同时也会提升允许交换的机制的重要性，例如货币。专业化还会导致经济体各成员之间的相互依赖。

劳动力价格

斯密认为，要确保工厂和设备的安全，同时还要负担招募工人以及留住工人的成本，那么资金是必不可少的。斯密提到了"劳动的价格"，劳动力似乎也成了一种商品。事实上，他看待劳动的观点比后来进一步拓展他理念的经济学家更加人性化。在反对传统观念时，斯密主张"高工资经济"，这意味着工资高的工人可能会比工资低的工人更努力地工作。在对政治经济学的研究中，他认为应当把为群众提供丰厚收入摆在第一位。国家繁荣面临的一项最关键的考验就是人口的增长：人口数量的增长会带来越来越多的普遍增长。

斯密还阐述了竞争在资本主义社会中的重要性，它是刺激实现最佳工业效率的重要因素。但是他也认识到，有时候企业可能会觉得在没有竞争的情况下能获利更多。"即便是为了找点乐子，同行业的人们也很少会聚在一起。但是他们会为了计划一些反对公众利益的阴谋，或是设法提价而进行会谈。"

大卫·李嘉图

英国经济学家大卫·李嘉图（David Ricardo）发展了亚当·斯密的经济学理论。他在经济问题上的看法产生了重大的影响，在政治方面的影响力也非常大。他早期的出版物都是关于货币和银行业，但是在《政治经济学及赋税原理》（*The Principles of Political Economy and Taxation*）一书中，他提出了影响古典经济学派50余年的重要成果。

李嘉图试图"确定工业产出的分配（在地主、资本家和劳动者这几个不同阶层之间）存在哪些规律"。他认为，产出和资源在各种社会阶层中的分配，是由个人主义、竞争、自身利益和私人财产组成的经济基础所决定的。这个观点类似于斯密提出的"看不见的手"。

基于对现实经济的复杂性所做的研究，李嘉图构建了一个理论模型，揭示了在经济生活中发挥的根本影响。李嘉图发明了"经济模型"这一概念，这是一种由几个变量组成的逻辑工具，经过一系列操作和修改，就可以得出具有实际意义的结果。经济学家现在仍然会用模型来解释经济行为，并通过将更复杂的经济现实进行理论简化，从而做出相关的预测。

李嘉图的当代画像

农业模型

李嘉图的经济模型主要关于农业方面。受到友人托马斯·马尔萨斯（Thomas Malthus）所做的人口研究的影响，李嘉图认为，不断增长的人口将提升人们对土地的需求，导致肥力较低的土地也要用于耕种。人们在"农业发展进入某个不是非常先进的阶段"之后，产量就会稳步减少。在肥力较低的土地上，额外增加的劳动力和资本，产出的粮食将会越来越少。劳动力的成本总是相同的，所以，在更边际化的土地上工作的成本也就越高。更高的利润会吸引人们投资非边际土地，直到在收益递减规律的作用下，这些利润逐渐下降，最后与边际土地利润持平。由于两种情况下的成本和利润是相同的，因此，在肥沃的非边际土地上就产生盈余。李嘉图将此盈余定义为地租。

比较成本定律

由于有限地区内生产食品的成本上升，李嘉图预测经济增长最终会停止。要解决粮食短缺，有一种方案是从国外进口廉价小麦。李嘉图认为，英格兰可以推动专业化生产，然后将产品出口换取食物，并从中获利。为了支持他的案例，他提出了"比较成本定律"。

李嘉图假设，劳动力和资本会在国内自由流动以寻求高回报，但国与国之间的流动就不那么容易了。在这种情况下，他指出，贸易的利益是由各国国内的比较成本所决定，而不是国家之间的比较所决定。专业化的生产对国家来说是有利的，它能够提高生产效率，也就降低了生产成本，然后再将产品出口来交换别国的产品。

例如，葡萄牙等国家或许能以更低的成本生产很多商品，但是建议葡萄牙最好把所有资源集中在生产效率最高的葡萄酒行业，然后

托马斯·马尔萨斯

1798年，托马斯·马尔萨斯出版了《人口论》(*An Essay on the Principle of Population*)，对当代经济和政治思想产生了深远的影响。马尔萨斯的悲观经济学理论认为，人口增长将超过食品供应的增长，从而破坏持续繁荣的机会。马尔萨斯认为，每一代人口会按几何级数增长，就像从2到4到8到16。另外，食品的增长则呈现算术递增，就像从2到4到6到8。

人口的翻倍增长可能会被自然因素或人类的自我节制所阻止。根据马尔萨斯的说法，"人口的力量远远超过地球为人类提供生存所需

在某种程度上，托马斯·马尔萨斯是一位悲观主义学者，他对未来并不乐观，而且倡导道德克制。

的力量，因此人类必将面临某种形式的提前灭亡。"这些形式包括战争、疾病和饥荒，这些因素将会导致世界人口不断缩减，直到食物供应能够勉强维持人类生存。

马尔萨斯认为，解决人口压力避免出现这一威胁的唯一途径，就是人类自愿节制。作为天主教教徒，马尔萨斯拒绝使用避孕措施来限制出生率。相反，他认为，通过晚婚可以使家庭人口变少，从而也可以实现抑制人口增长的目的。因此，马尔萨斯被视为提倡道德克制的拥护者，他的观点也让经济学得到了"令人沮丧的科学"这个名号。

进口英国的纺织品。李嘉图断言，如果所有国家都充分利用"地域劳动力分工"，而不是寻求自给自足的模式，那么全球总产量将进一步得到提升。李嘉图提出的定律成为19世纪自由贸易学说的基础。

李嘉图的影响

李嘉图的论文立竿见影,在之后的半个世纪,他的理论主导了英国经济学领域的研究。1848年,约翰·穆勒(John Stuart Mill)的《政治经济学原理》(Principles of Political Economy)一书又重申了李嘉图的思想,赋予了这一思想以新的影响力。李嘉图思想的后续影响还体现在,有的经济学家强调资本的重要性,忽视斯密关于劳动的人道主义观点。

李嘉图的理念通常被理解为,工人阶级在某种程度上"注定"是贫穷的,他们的生存条件不应当由国家、雇主或是贸易联盟予以改善。工人的低收入是劳动力均衡价格的结果,也就是当所需的劳动量与现有劳动量相匹配时达到的工资水平。李嘉图认为工资并不是改善工人生活的方法,它只是"勉强能够让工人维持生计,延续家族的价格水平,不会增加也不减少"。然而,李嘉图也相信,投资和技术的发展将使某个特定行业出现不确定的工资上涨。

农业革命

1760年到1830年,欧洲地区,尤其是英国,在农业方面发生了许多重大变化,后来也被称为农业革命。这些发展刺激了工业化和城市化进程,而且也为因工业化劳动力需求导致的人口激增提供了支持。

英国农业产量在1750年至1850年大致翻了一番,而小麦的生产增加了4倍。产量的增加主要是因为可用耕地的增加,以及农业劳作方式的变化。这些变化包括圈地运动、土地再分配、机械化、新的农作物轮作方式、牲畜的选择性育种,还有杰斯洛·图尔(Jethro Tull)发明的播种机。这一发明让播种变得又快又容易。其他重要因素还包括人工肥料的应用和土壤土质的改善。利用马匹进行犁地能

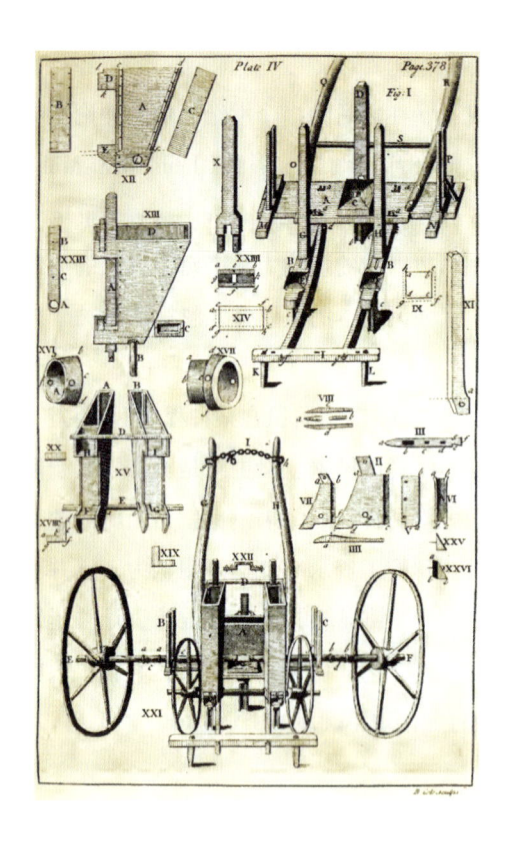

由图尔发明的马拉播种机,可以按直线播种,更便于后续耕种与收割,比以前采用的人工手洒播种更加经济。

够让土地得到彻底的耕种,同时政府为控制粮食进出口而制定的谷物法也进一步巩固了粮食产量的增加。

  欧洲大陆产能疲软,形成鲜明对比的是,英国农业生产力不断提升,从而使其能够支持不断增长的非农业人口。随着食品需求加大,价格也不断上涨,农业收入的增加也促进了对国内制造产品及服务的需求,并且推动了资本由土地转向了工业。

理性时代和早期工业化

农作物轮作

从早期的农业时期开始，农民就已经意识到，种植作物会耗尽土壤的肥力。他们发现，解决办法是留下田地实行一季休耕，让土地自行补充营养。最简单的做法是，空出一半的土地，在另一半土地上种植庄稼，第二年两块地再交换一下。这种办法的缺点是每一年都有一半土地没有产出。因此，在中世纪的欧洲，村庄和庄园采用了三田制。在这一制度下，每年只有三分之一的土地休耕，其他三分之二用于种植生产春季作物和秋季作物。

在农业革命的推动下，留田休耕的做法已经没有必要了。主要的创新措施就是引入了新的饲料作物，尤其是萝卜和豆类。农民发现这些作物有助于补充贫瘠土地中的硝酸盐和营养物质。另外，用这些作物喂养动物，它们的粪便能够作为更好的肥料，以进一步滋养土壤。

新品种

到18世纪末，英国农场的亩产量跃居欧洲第一。农业生产为工业提供了原材料，而且为在生产、耕作、采矿和运输中使用的数千匹马提供了饲料。广泛使用动物替代人力，这本身就是重要的一项创新，此举使得英国农场的生产力在欧洲大陆一骑绝尘。

18世纪初，随着科技的发展，开始通过选择性育种改善牲畜的品种。新的育种技术满足了城市化带来的肉类需求，也为不断改进的运输系统提供了支持。在17世纪后期，条播机和马拉锄头投入使用，但一直没

欧洲人在美洲殖民地广泛种植棉花，通过引入1793年由伊莱·惠特尼（Eli Whitney）发明的轧棉机，产量得到巨大提升。

77

得到推广，直到后来图尔做出了改进，从而使人们种植作物变得更加方便。1786年安德鲁·米克尔（Andrew Meikle）制造了一台脱粒机，其一天的工作量相当于一批劳动者5天的工作。然而，由于农村存在大量廉价劳动力，工具和机器的引入十分缓慢。只有在劳动力短缺时，例如，在拿破仑战争期间，机器的投入使用才真正产生了影响。

要为英国迅速增长的人口提供食物，就需要一个高效的运输系统来分配产品。

伴随着这一变化，政府制定了许多关于重量和计量单位的规定，以便于进行大规模交易。

这是狄德罗的百科全书中的一幅插图，描绘的是当时所采用的农业技术，比如位于图中央醒目位置的条播机，还有下方的一种新型马拉式犁车。

圈地运动

在12世纪，欧洲就出现了圈地运动，许多可耕作的公共土地被划分为私人用地。以前，大多数农田都是大块田地组成的，这些大块田地被分割为细条，由个人或家庭进行耕种。在冬天，田地恢复为公共土地，当地人可以在土地上进行放牧。圈起来的土地则被围栏或篱笆包围着，就是为了防止有人会行使之前的传统权利。

在英格兰，大多数圈地运动发生在1750年至1860年之间。到19世纪末，英格兰所有的公共土地几乎都已经消失了。圈地运动在欧洲其他地区则开始得很晚。在丹麦，法国和德国，到19世纪中叶才出现圈地运动；而在俄国，这一过程则发生在1861年农奴制改革之后。在波兰和捷克斯洛伐克，直到1918年第一次世界大战结束后才出现了圈地运动。

因此，向乡镇供应粮食、肉类、水果和蔬菜得到了很大的改善。道路和运河的建设，沿海航运的发展，以及后来铁路网络的建立，都是推动农业分配与发展的重要因素。

圈地运动及其后果

农业革命改变了英国的农业景观。自中世纪以来，圈地运动就已经开始了，也就是用围栏或篱笆分割公共土地。但在18世纪60年代和70年代，以及19世纪初的拿破仑战争期间，英国的圈地运动再现热潮。对废弃及边际土地的开垦，使得大农场的数量逐渐增多。大地主们也通过圈占公共土地尝到了甜头。许多小地主只能靠着祖上留下来的权利，在公共土地上放牧或收集柴火。圈地运动导致他们无法养活家人，许多人被迫把土地卖给大地主。此外，圈地运动还使大地主在进行必要的谈判时能够提高地租。

随着公共土地的流失，出现了许多未就业的女性和年轻男工人。这些人被吸引到城市中心的工业岗位或服务行业，但也有人找不到工作。18世纪晚期，劳动力市场的特点是失业率的增长，特别是原来在小农场工作的人都失业了。

蒸汽时代

18世纪下半叶，英国的工业化进程使经济和社会发生了翻天覆地的变化。最直接的改变就是生产的产品、场所和方式。劳动力从主要产品的供应部门，如煤炭和钢铁，转移到了消费品和服务的生产部门。相比以往，制造业产品日益增多，技术效率得到了显著提升。在一定程度上，生产力的提升是因为在制造业中运用了科学且实用的知识，并且采取了精简的流程与创新技术。在有限地区出现了越来越多相似或相互依存的企业，这也会促进效率的提升。

这是一幅19世纪初的英国版画，画中是一位在回家路上的煤矿工人。在他身后，一辆早期的蒸汽机车正从煤矿中向外运送煤炭。

专业化和相互依存变得越来越重要。例如，如果某个城镇上有许多棉纺厂，那么就会刺激其他相关产业的出现，比如染色业。产业的集中会吸引大量人群从乡村来到城镇，从而产生新的城市化中心。

社会动荡

由扎根农村的农业工作转变为城市工业与服务行业，产生的后果之一就是就业率的迅速上升。然而，这种转变有时会伴随暴力的社会动荡。新的就业机会被认为是对传统熟练工种的威胁。工人们渴望保住自己的生计，于是引发了骚乱，还砸烂了新的机器。同时，政治运动者们提出抗议，要求规范工厂和作坊的工作环境。许多成人和儿童长时间在这些环境中工作，由于机器设备缺乏任何安全保障措施，他们常常会处于危险之中。新出台的法律解决了穷人与失业者的问题，设立了贫民院，可以收容穷困潦倒之人，哪怕是提供最低限度上的支持。

日益增长的劳动力

在整个欧洲，资本和劳动力由土地流向工业部门，最早出现在英国，发展也是最快的。城市劳动力的日益增长，也使得国内对产品与服务的需求不断扩大，这又反过来支持了快速的人口增长与城市化。

工作的组织方式也发生了重大变化。越来越多的人到工厂、公司上班，而不像以前是在家里或庄园的作坊里工作。工业生产极大地依赖设备的集中使用以提高效率。新的工具和机器，特别是在纺织品生产等行业，通过按照生产流程实施专业化分工，从而使工人生产更多的商品。对工人来说，他们的工作也变得越来越单调，每

个人操作机器无数次地重复着简单的工作。对许多人来说,这样的工作是没有满足感的,剥夺了全程参与制作产品带来的成就感。

机械的力量

工业化的基本特征,就是在产品和服务的生产过程中,引入机械的力量取代人类和动物。许多新技术的发展助推了英国制造业的增长。1707年,托马斯·纽科门(Thomas Newcomen)发明了一种蒸汽驱动的发动机。1769年,詹姆斯·瓦特(James Watt)对蒸汽机进行改良,使其能够用于采矿。1801年,理查德·特里维希克(Richard Trevithick)首先使用蒸汽机驱动车辆。1733年,约翰·凯(John Kay)发明了飞梭,

一位妇女正在操作一架珍妮纺纱机。这种织机是詹姆斯·哈格里夫斯(James Hargreaves)于1764年发明的,可以让一个工人同时转动8个纱锭,而不是一个。后来改进的版本可以安装16个纱锭。

1707年托马斯·纽科门发明的蒸汽发动机的原始模型。蒸汽发动机将蒸汽能量转化为机械能，是后来机械化的基础。

而詹姆斯·哈格里夫斯（James Hargreaves）随后就在1764年发明了珍妮纺纱机。5年后，理查德·阿克莱特（Richard Arkwright）发明了一种新型纺纱机，并将其投入自己的工厂中。1786年，埃德蒙·卡特莱特（Edmund Cartwright）发明了第一台电力织机。同时，亚伯拉罕·达比（Abraham Darby）及其后代在什罗普郡的柯尔布鲁德尔完成的工作，代表着英国已初步掌握了铸铁制造。1777年到1779年，达比在这里主持建造的铁桥是世界上第一座铸铁结构建筑物，至今依然完好无损。这座桥所在的小镇也因此得名为"铁桥镇"。

成功的原因

英国的经济繁荣有各种原因,其中一个原因是私营企业的出现,比如银行和保险公司。这些公司刺激了多种票据的发展,取代了硬币,这些票据包括本票、汇票和支票等。在过去,金银往往会被大量出口,而且总有人会把硬币熔化以提取贵金属,在这种情况下,纸币的出现就确保了国家的资金供应。纸币和信贷奠定了现代金融体系的基础。

另一个原因是技术创新。对贸易的日益重视,有助于投资者将重点放在制造业,尤其是纺织品和钢铁制造业,促进了由半工业化社会向工业化社会的转变。

这座19世纪的铁桥是世界上第一座铸铁结构的桥梁,由亚伯拉罕·达比在18世纪70年代建造。

工业化的传播

在英国率先经历了工业化进程之后，西欧及美洲的许多国家也紧随其后。法国、比利时以及现在的德国引领了欧洲大陆的工业化进程，一开始集中于主要产业，如煤炭和钢铁，然后逐渐转向制造业。美国也遵循了同样的模式。所有受工业化影响的国家，也都同时开始了城市化进程，或多或少也遭遇了英国所经历的社会问题。

殖民地经济

在18世纪末和19世纪初，欧洲主要经济体的一个重要元素，就是与海外殖民地的贸易。

这幅版画展示了18世纪的阿姆斯特丹。尽管英国的工业发展使其成为欧洲领先的商业强国，但是统治东南亚的荷兰帝国仍然是大量国家财富的来源。

到19世纪初，西班牙、葡萄牙和法国在美洲的大多数殖民地都已独立。然而，荷兰人在好望角建立了一个殖民地，以支持到亚洲的海上航行，并在1800年控制了爪哇和锡兰（现在的斯里兰卡）。在美国独立战争后，英国虽然失去了除加拿大以外的大部分北美殖民地，但它仍然是一个重要的殖民大国。1757年，英国东印度公司开始征服印度次大陆。

在重商主义理论中，殖民地的作用就是为母国提供出口工业所依赖的贵金属和原材料。因此，殖民地一旦建立，就只能与母国进行贸易。1764年，英国制定了《航海法案》（*Britain Navigation Act*）等法规以巩固殖民地的第二地位。这些法案要求从英国殖民地出口的货物必须用英国船只运往英国港口，到港之后再出口。

北美失守

这一过程刺激了殖民地的工业，从而鼓励殖民地人民对重商主义行为做出应对。母国把殖民地当作供应站来对待，不允许他们与其他国家进行贸易，这种做法损害了殖民地的经济。对这种处境的不满是美国独立战争爆发的一个关键原因。爱国者们的主要目标之一，就是争取与其他国家的贸易自由，而不仅是与英国的。

虽然失去了美国，大英帝国仍在继续扩张，为英国商品提供了不断扩大的外国市场。这个帝国既是一个经济实体，又是一个军事实体。英国陆军和海军的主要任务之一，就是不断开拓贸易，打开及保护外国市场。例如，1739年"詹金斯的耳朵战争"就是英国商人入侵西班牙帝国而引发的。17世纪和18世纪的重商主义理论，特别主张使用武装力量来保卫和促进国家的经济利益。

战争

军事活动不仅为英国商品开拓和保卫了新的市场，而且也为军工产品创造了日益增长的需求，从而刺激了总体上的技术创新。奥地利王位继承战争就引发了冶炼焦炭技术的开创性改进。飞梭的投入使用也与七年的战争时间正好吻合，因为战争会带来大量的制服需求。战争的主要影响是英国商品出口需求的不断增长。只要有英国海军统治着海洋，保护着海上贸易，并为资本家的长期投资提供安全保障，英国的出口贸易就不会受到挑战。

英国的对外贸易非常重要，因为它的出口商品主要是国内制造的。其中许多产品可以大规模生产，以满足海外需求，包括纺织品、钢铁和金属制品。工业革命期间，进出口都在迅速增长。再出口增长了9倍——把原材料或部

发展贸易的人力成本：在非洲塞拉利昂的"奴隶禁闭营"中，奴隶们等待着被运往美洲。他们的脖子和腿都被铁链锁住，在被关押的几个月里，经常会被鞭打。

SLAVE BARRACOON.

分制成品从它们的原产地运到英国，变成制成品后再卖回原产地，这就叫再出口。由于欧洲各国为保护本国的工业发展而采取了保护主义政策，因此英国在南亚和美洲的殖民地成为英国产品的主要市场。

大西洋经济

英国优良的沿海水域为其开发大西洋经济提供了理想的平台，但是在18世纪80年代失去北美殖民地后，情况就发生了变化。支撑大西洋经济蓬勃发展的最重要的商品之一就是奴隶。把抓来的非洲人运过大西洋，只是连接欧洲、非洲和美洲的复杂贸易路线中的一小段。例如，在18世纪中期，非洲成为英国钢铁的第二大市场；18世纪90年代，英国几乎四分之一的棉花都出口到了非洲。从19世纪30年代起，英国最重要的贸易地区之一是印度，它弥补了英国与西印度群岛贸易的下降。

贸易的价值

到1800年，英国在世界贸易中的主导地位不单表现为海军对公海的控制。凭借各种复杂的商业组织形式，以及对运河、道路、造船厂和采矿业的大量投资，英国对贸易提供了大力支持。英国的发展模式，以及它与海外领地的关系，都是其他工业化国家研究的案例。如果没有国际市场，棉花贸易就不可能存在，羊毛和钢铁工业就会严重缩水，农业发展也会减缓很多。国际贸易的需求造就了世界上第一个工业经济体。

工业化、城市化和现代化

进入19世纪之后,大规模的工业化和城市化从根本上改变了世界大部分地区的面貌。经济学家试图解释正在发生的事,并预测各国将通过哪些方式最大限度地共享繁荣。

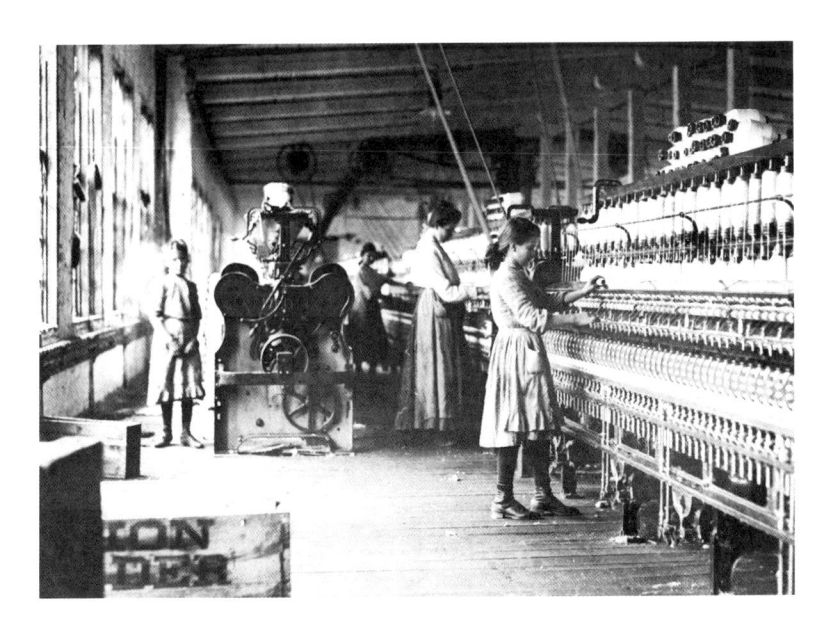

19世纪的工业化是由蒸汽动力的引入和劳动机械化推动的,当时工人们开始使用机器生产商品和提供服务。随着机械化工业在英国不断增长,并逐渐传播到世界其他地区,商品生产变得更加专业化,并集中在更大的生产单位,也就是工厂。

19世纪晚期,兰开夏郡博尔顿的棉纺厂越来越多。正如19世纪上半叶一样,生产越来越集中在被工业城镇包围的大型工厂。

工业革命

技术，也就是科学和实践知识的系统应用，加快了制造过程，从而导致了商品和服务生产的快速增长。制成品的产量达到了历史新高，技术效率也显著提升。工作变得越来越常规和专业化，而对工具和机械的依赖使个别工人能够生产更多的商品。专业化意味着更大的相互依赖性，从而提高了生产力。

棉花是英国经济中工业化最彻底的部门，几乎完全机械化，以蒸汽为动力，以工厂为基础。巨大的新工厂里有大量的纺纱机和织布机，这些主要由妇女和儿童来操作。由于工作时间的缩短和搬运机械的危险的降低，工人们逐渐受到法律的保护，尽管工厂所有者抵制这些保护措施。

欧洲的工业发展也伴随着人口的快速增长。随着医疗、饮食和生活条件的改善，死亡率降低了，而城市化和工业化也见证了人口出生率的上升。欧洲人口在这个世纪几乎翻了一番，加速了从农村向城镇的人口迁移。例如，到1851年，英国已经有一半的人口居住在城市地区。

蒸汽动力在运输上的应用——首先是铁路，然后是蒸汽船——是经济发展的另一个推动力，廉价和批量运输货物成为可能。作为一种廉价和方便的运输方式，铁路把人们从农村迁移到新的工业城镇，并增加了生产的集中度。通过铁路，可以把原材料从遥远的地方运来，再将成品运送到遥远的港口。

英国的霸主地位

尽管工业化正在欧洲和美国蔓延，但英国仍保持了工业上的领先地位。凭借机械化和工厂化生产的进步，英国能够供应世界上

工业化、城市化和现代化

1891年伦敦证券交易所大厅里的交易员们。在19世纪的最后25年，伦敦是世界商业之都。

很大一部分的纺织品、钢铁和机器。1841年至1846年，罗伯特·皮尔（Robert Peel）担任英国首相，他推行自由贸易，刺激了英国出口收入的大幅增长。钢铁和造船等新兴产业日益兴起。在钢铁行业，英国的亨利·贝塞默爵士（Sir Henry Bessemer）发明了"贝氏炼钢法"（Bessemer process），通过将空气吹入液态生铁中来生产可加工的钢。造船工程师伊桑巴德·金德姆·布鲁内尔（Isambard Kingdom Brunel）建造了巨大的跨大西洋蒸汽船，如"大西部号"（Great Western）和"大不列颠号"（Great Britain）。

1851年在伦敦举行的"世界博览会"显示了英国在贸易和制造业方面的进步。英国的经济领先地位似乎是无法撼动的，但其他国家也在快速推进工业化，它们的铁路、纺织、钢铁和煤炭生产迅速增长。到19世纪末，美国和德国都具备了挑战英国经济统治地位的实力。

自由贸易和商业

商业对机器和工厂的需求，也产生了大量金融投资需求。所有工业国家都制定或颁布了相关法律促进大公司的发展。在这些措施的推动下，工业化为现代公司的出现提供了动力，也为现在主导世界经济的公司巨头的诞生铺平了道路。

在英国和其他地方，拥有庞大金融资本基础的股份制银行开始取代不太可靠的本地银行。1844年，议会确立了英格兰银行的地位，将其作为发行纸币的中央机构，并担任银行系统其他部门的担保人。与此同时，一系列法案规范了公司的财务和借贷。贸易的增长导致证券交易所的扩张，到1870年，伦敦成为世界金融中心。

尽管英国经济状况良好，但国内的商品需求往往仅限于高收入、高购买力人群。绝大多数人买不起时尚产品。然而，没有资本的打工人，也就是无产阶级的扩大确实增加了对一些基本产品的需求，例如面包、衣服和蜡烛。

正是日益壮大的中产阶级，为大批量生产的商品提供了市场。机械化生产使商品变得更加丰富、更加便宜。因此，在19世纪，世界大部分地区的实际生活水平都提高了。

自由经济

现在的贸易已经与政府的不干涉密切联系在一起了。这种趋势反映了亚当·斯密在《国富论》中确立的古典经济学的主导地位。

1848年，穆勒出版了《政治经济学原理》，斯密及其继任者李嘉图的理论得到了重申。可以说，穆勒的书就是斯密著作的最新版本，直到19世纪末，它一直是经济学的基本教科书。

在75年的时间里，古典经济学家对斯密和穆勒的著作各持己见，但他们都同意以下几个主要原则：私有财产和市场自由的重要性，以及穆勒所说的"只有通过竞争原则，政治经济学才能自命为一门科学。"他们和斯密一样，对政府抱有强烈的怀疑，并坚信利己主义的力量——个人追求自身利益将使整个社会受益。斯密认为，竞争会使劳动力和资本得到最优利用。至少在19世纪早期，商品产量规模非常之大，当时的高生产率被认为是理所当然的，这似乎证明了斯密的观点是正确的。

斯密支持自由贸易的论点现在已被广泛接受。他断言，政府对贸易的管制实际上减少了国家的财富，因为它阻止了国家以最低的价格购买最多的商品。李嘉图认

这幅漫画中的人物是经济学家和政治家穆勒，他重申了古典经济理论，而且将抽象概念与社会关注的实际利益联系起来。

为，国家可以从自由贸易中获益，如果把生产和贸易都集中到具有比较优势的商品，这就意味着他们在生产某种商品时，需要花费的成本要比其他国家或生产商更低。这一原则一直是所有自由贸易论点的理论基础。

英美工业化

尽管有经典的理论，但很少有国家采取过自由贸易政策。政治现实往往鼓励政府至少在一定程度上实行保护国内经济的政策。有一个重要的例外就是英国，从19世纪40年代到20世纪30年代，英国没有征收任何进口关税。从19世纪30年代末开始，英国中产阶级就主张废除

美国内战时期的一幅漫画，绝望中的杰斐逊·戴维斯（Jefferson Davis）在思考南方经济崩溃的证据。与英国棉花贸易的中断，以及战争期间南方基础设施的破坏，使南部联盟遭受了严重的通货膨胀。

《谷物法》，也就是对进口谷物征税的法律。在1845到1846年期间，疾病摧毁了爱尔兰的土豆作物，随之而来的是大范围的饥荒，政府确实废除了《谷物法》，并启动了自由贸易政策。然而，更便宜的小麦并没有拯救饥饿的爱尔兰人。这造成大约50万人死亡，另外有100万人移民，他们主要前往美国。

美国的工业化进程略有不同。1812年的战争引发了强烈的民族主义情绪，1816年国会又提高了原本为应付战争而征收的高额关税。此举是为了保护国内不断增长的制造业，使其免受来自英国的大量低价进口商品的冲击。

东北部各州成为重要的制造业中心。在东西之间修建了运河和铁路，并推动了波士顿、纽约、费城和巴尔的摩等城市的发展，因为通过这些城市可以更容易获得西部的产品。相比之下，南方各州主要种植一种作物，就是棉花，在大种植园内由黑奴种植。棉花涌入英国棉纺厂。内战爆发切断了棉花供应，随之而来的"棉花荒"给英国的棉纺厂带来了巨大的困难。

李斯特和德国"关税同盟"

虽然经济学最初是英国的一门学科，但在其他欧洲国家和美国，也有一些经济学专业的学生从不同的角度看待经济学问题。亚当·斯密及其继任者所倡导的利己主义、自由贸易和市场力量等观念，暗示着国家的存在是为了个人。特别是德国的思想家们，他们有着截然不同的观点。他们更依赖国家，而国家也在这一地区实现全面工业化的过程中发挥了重要作用。

对于古典主义者认为的经济生活是静态的观点，弗里德里希·李斯特（Friedrich List）等经济学家也表示反对。他们认为这是

美国的政治经济

马尔萨斯的人口理论启发了李嘉图等英国古典经济学家的研究。马尔萨斯认为，人口会一直增长，直到食物短缺无法支持其继续增长，而且食物供应的增长速度并不足以跟上人口增长。如果人口增长与粮食产量的关系过于密切，那么饥荒、疾病和战争都会中止人口增长。

然而，马尔萨斯的理论在美国似乎不太适用。在那里，迅速增长的人口所拥有的食物供应非但没有减少，反而随着西部新土地的开发而迅速增长。

美国在其他经济问题上的表现也与欧洲不同，美国人认为，作为一个年轻的国家，他们的利益与欧洲历史悠久国家的利益相冲突。以自由贸易为例，当一个年轻的国家与一个更成熟的工业化国家（如英国）展开竞争时，美国人亚历山大·汉密尔顿（Alexander Hamilton）就反对自由贸易。他认为，在这种情况下，这个年轻的国家应该采取保护主义措施，保护本国产业不受自由市场的影响。后来，政治家亨利·克莱（Henry Clay）也极力主张美国采取名为"美国体系"（American System）的关税制度以促进工业发展，从而减少美国对其他国家的依赖。

南方对于保护主义政策几乎没有丝毫热情。在南方经济中占据主导地位的是种植园主，他们种植的原材料在欧洲市场有着巨大的需求，如棉花。他们想出口生产用的产品，然后进口便宜的商品作为回报。南方反对保护主义的势力本有可能成为一股重要的政治力量。然而，这股势力在南北战争中被终结了，在接下来的70年里，关税的支持者将主导美国的政治经济。

18世纪晚期，亚历山大·汉密尔顿建立了美国的财政体系，旨在刺激贸易和开发美国巨大的自然资源储备。

一个发展的过程，经历了连续的阶段，并最终达到了农业、制造业和商业活动相结合的成熟期。李斯特认为，国家在推动这一进程的发展中扮演着不可或缺的角色。

李斯特大力推动德国各城邦之间的自由贸易政策，各城邦也建立起了自由贸易关税联盟，也被称为关税同盟（Zollverein）。然而，1831年李斯特在美国流亡一段时间后回到德国，他建议关税同盟作为一个整体征收关税或入境税，从而寻求更大的地区保护，而不是在各成员国之间实施保护。李斯特认为关税是必要的：一个国家如果拥有充分的国有及劳动力资源以开发新的产业，那就要保护这些产业，使其免受进口产品的影响。

李斯特的这种保护做法在美国也曾被提及，在那里它被称为新兴产业论点（infant-industry argument）。该理论认为，虽然自由贸易原则是合理的，但是也存在可以征收关税的例外情况，那就是为了保护和扶持脆弱的新兴产业。最后，在所有充满渴望的工业国家，几乎所有的关税保护都是为了保护新兴或新生产业而实施的。亚当·斯密的学说仍然被当作真理受到广泛的颂扬，但在所有国家，它都会给上述的特殊情况让步。

垄断与寡头垄断

19世纪后期，自由市场经济的内在趋势为英国、美国和其他工业国家带来了新的变化。现代公司，因为责任有限而财力雄厚，开始成为企业组织的主要形式，特别是在美国。在一定程度上，由于技术的进步，只需要少数大公司就能够满足许多市场的需求。另一方面，像约翰·洛克菲勒（John D. Rockefeller）这样的美国企业巨头为了消灭竞争对手而采取的策略也发挥了作用。例如，1879年，洛克菲勒的标准石油公司降低了煤油价格，以击败美国各地的竞争对手，然后再提高价格以弥补前期的亏损。

这种行为的结果并不一定会产生完全的垄断，也会出现被称为"寡头垄断"的经济秩序，在这种秩序下，生产由少数几家公司控制。寡头垄断企业有时串通达成非正式协议，人为地将价格抬到高于原价。生产商想让它看起来好像竞争仍然存在，有一种办法就是信托。通过股权交换，从而将公司的控制权转移给个人或是一小部分人，而作为回报，获得控制权的个人会发行信托证书，这就叫信托。

反垄断法

这种减少竞争的做法与经典理论是无法调和的。经典理论认为，垄断是自由市场经济的一个严重缺陷，因为在这一体制要求下，消费者支付的商品价格并不是根据边际成本确定的最优价格，而是垄断企业为实现利润最大化所制定的价格。

在19世纪70年代和80年代的美国，企业逐步掌控制造业的趋势，引发了公众的强烈抗议，推动了反垄断立法的出台。这项立法试图将垄断定义为非法行为，利用国家的权力，确保在工商业领域至少存在最低限度的竞争。1890年的《谢尔曼反垄断法》(*Sherman Antitrust Act*)规定，凡是垄断行为，以及其他旨在垄断州际贸易的合并行为，都是违法的。

反垄断法从未成功地使工业恢复到亚当·斯密所设想的众多小企业的竞争状态。但是反垄断法也确实遏制了出现垄断和限制贸易的恶化趋势。反垄断法获得了古典经济学家的认可，也得到了消费者、小企业和农民的支持。在《谢尔曼反垄断法》颁布后的几年里，大批挑战法律权威的垄断企业——诸如标准石油公司——分崩离析。

然而，观察人士指出，反垄断法在打击经济活动集中方面收效甚微。今天，在美国，大约三分之二的工业生产由大公司控制，其他国家的情况也一样。然而今天，大多数行业的竞争仍然激烈。

保护主义和资本主义

尽管困难重重，但是资本主义在整个19世纪几乎可以不受限制地继续扩张和繁荣。它之所以成功，是因为它展示了创造新财富的巨大能力，并且切实提高了许多人的生活水平。随着19世纪接近尾声，资本主义成为主导的经济和社会制度。

19世纪的工业发展促进了商业和贸易的发展。海外贸易急剧增长：世界航运吨位从400万吨上升到3000万吨，其中大部分货物由欧洲船只运载。产量的增加刺激了原材料贸易。例如，欧洲纺织生产的机械化导致了美国原棉出口的

约翰·D.洛克菲勒。洛克菲勒的标准石油公司因试图在美国实现实质上的垄断而遭受严厉指责。

亨利·乔治和土地所有制

1897年，美国社会哲学家、经济学家亨利·乔治（Henry George）出版了《进步与贫困》（*Progress and Poverty*）一书。乔治在书中提倡一种激进的创新——单一税。根据乔治的建议，州政府将建立所有的税收，但单一税除外。它将收取所有因拥有或使用裸地而获得的收入，但是不会影响人们从改良或耕作土地中获得的任何收入。

这本书出版时，西方正处于大萧条末期，美国在1873年到1878年遭受了巨大的影响。这本书受到了美国公众的广泛欢迎，他们对美国经济生活的现实深感不满。在当时的经济生活中，少数人的财富增长似乎是以牺牲多数人的利益为代价的。这本书很畅销，被翻译成了多种语言。乔治频繁地发表文章，并进行巡回演讲，使国际社会对他的计划产生了浓厚的兴趣。

这张亨利·乔治的照片拍摄于19世纪80年代，他曾写道："政治经济学……正如目前所教授的，毫无希望，令人沮丧。但这是因为它被贬低了……它对错误的抗议变成了对不公的支持。"

在乔治的提议背后，是美国在19世纪人口和地理上的显著发展。他指出了随着美国疆域的开拓、人口的增加和经济的发展，土地所有者是如何变得富有的。他认为：首先，每个人都有平等的土地使用权。其次，他提出土地增值的主要原因是社区的发展。因此，土地的价值是社会创造的。

地主从土地中不劳而获而取得的收入，并非来自他们的辛勤劳动和智慧，而是借着全国范围人口与工业的发展而轻松获得的。在他看来，事实上，在土地上因社会发展创造的价值大部分都落入了地主手中，这就是造成现代社会不公的根本原因。乔治建议保留土地私有制，但他认为社会也应该是土地价值的受益人，地主只能享受对土地做出任何改善而带来的全部价值。

乔治提出，要实现这个目的，就要取消对土地所创造的社会价值的征税。在很大程度上，乔治的论据依赖于对更公平的土地所有制的人道主义及宗教诉求。他认为，这种做法也具有经济意义。政府每年从单一税收中获得的收入，足以支付公共工程的扩建，刺激就业以及减轻贫困。

乔治的书虽然很受欢迎，但并没有带来重大的实际成果。很少有其他经济学家愿意冒着名誉受损的风险来支持这本书。批评人士抨击的理由是，书中的观点似乎忽视了这样一个事实，即提升土地价值并不是轻松致富的唯一形式。事实上，各类企业的投资者都得到了类似的好处。还有人质疑，为什么对那些购买土地的人进行歧视性征税，而不是针对那些购买铁路或钢铁厂股份的人。

乔治的书产生了相当大的间接影响。从某种程度上来说，因为他生前所做的努力，美国政府做出了永久承诺，部分土地将以国家公园的形式归公众所有。乔治对机会均等的诉求，以及他对美国农村经济的系统认识，为未来的财产规范提供了基础。

乔治的一生充满了浪漫主义精神，这种精神与这位经济学家非同寻常的人生十分契合：他曾在孩提时代就出海航行，参加过加利福尼亚州的淘金热，参与过民主党的政治活动，而且还成为一家报社的老板。他曾两次竞选纽约市长。尽管乔治可能夸大了他的观点，但他的断言也有一定的道理，即美国人的自由、独立、活力与乐观精神不是地理扩张的原因，而是其结果：美国人的性格就是一片开放、没有围墙的土地塑造的。除了支持土地改革，乔治还支持资本主义制度，并提倡自由贸易。然而，他对社会不公的系统性谴责，影响了20世纪早期许多倡导社会主义的人。

增长。1850年以后，谷物、肉类和羊毛的贸易也开始扩大。欧洲从北美、澳大利亚、阿根廷和印度进口小麦，对外则出口工业品。

19世纪下半叶，特别是1870年以后，欧洲帝国主义活动的激增在很大程度上是工业化的结果。因为英国、法国和德国纷纷效仿荷兰和葡萄牙等国家早期的殖民统治，所以除了在亚洲建立的殖民帝国，非洲几乎所有的地区也被加入了欧洲的殖民版图。在亚洲，英国吸收了印度，完成了由18世纪重商主义的东印度公司开启的殖民进程。英国在当时的锡兰（现在的斯里兰卡）和缅甸实施了殖民统治，那里的茶叶和橡胶产业得到了开发，另外英国还接管了马来半岛，在1850年以后锡矿开采迅速发展。法国占领了中南半岛地区，

也就是越南、柬埔寨和老挝；荷兰则统治了东印度群岛；美国占领了菲律宾。在太平洋地区，英国在澳大利亚和新西兰建立了殖民地，法国则宣称拥有塔希提岛，而德国宣称拥有马绍尔群岛、加罗林群岛和马里亚纳群岛。西方国家还通过战争和强硬外交迫使中国和日本打开市场。

19世纪90年代，埃及游客在苏伊士运河拍照留念，一艘船从他们身后经过。这条运河于1869年开通，连接地中海和红海，从欧洲到亚洲的海上航行时间也因此减少了数周。

殖民地的作用

工业国家利用殖民地来供应原材料，并为母国的产品提供预留市场。这些殖民地还控制着战略要地，如苏伊士运河，并将其作为基地为全球的舰船和军队提供补给。

到19世纪末，主要生产地区不再是欧洲和北美工业产品的最重要出口地。工业国家成为彼此的主要客户，美洲和欧洲之间的贸易变得非常多样化。这主要是因为工业化国家的人口能够负担得起更多的商品和服务。非洲、亚洲和拉丁美洲的主要生产区域则相反。这些地区的许多国家已经成为欧洲殖民帝国的一部分，现在几乎所有国家都严重依赖少数几个外国市场。

非洲争夺战

直到19世纪70年代，在所有工业国家中，英国在国际事务中的地位仍占有明显的优势。然而，到1871年，德国和意大利分别成为统一的国家，而在普法战争中战败的法国也将目光投向了海外殖民，将其视为重拾民族自豪感的一种方式。1885年，德国首任总理奥托·冯·俾斯麦（Otto von Bismarck）召开会议，讨论欧洲国家应当如何获得非洲殖民地。各国在对某一领土宣布主权时都必须"适时通知"其他国家。所谓的非洲争夺战就此拉开帷幕。

俾斯麦激起的新一轮帝国主义热潮传到了

1891年，美国大平原上的一台机械化收割机。19世纪末，由于农业技术的进步和食品保存方法的改进，大多数西方国家的饮食得到了改善。

法国。英国突然面临了竞争，因为它意识到，如果不占领非洲的领土，德国或法国就会下手，他们一边扩大自己的本土市场，一边也在蚕食英国在非洲的市场。英国还认为，已经拥有的殖民地很有可能落入德国和法国的手中。

19世纪70年代和80年代欧洲的大萧条导致许多英国观察家认为，市场稀缺是因为其他国家正在接管市场，尤其是德国。如果其他列强切断英国的对外贸易，它将失去经济地位，甚至可能失去知名帝国的称号。1883年，英国和法国瓜分了尼日尔；第二年，德国宣布多哥和喀麦隆成为其受保护国，之后英国也开始认真地宣称拥有殖民地。

最初，在1864年，加利福尼亚州的约塞米蒂国家公园是一座州立公园。1890年，它成为美国第一个国家公园。这一发展在一定程度上反映了亨利·乔治的哲学，即土地属于所有美国人。

古典经济学遭到反对

19世纪的工业化产生了许多似乎与古典经

济学相冲突的经济现象。例如，古典经济学家的一个基本学说，由法国经济学家让-巴蒂斯特·萨伊（Jean-Baptiste Say）阐述的萨伊市场定律。萨伊市场定律认为，在竞争经济中不可能出现生产过剩和就业不足。他认为，供给总能创造出相应的需求，一直到人类劳动力和可用自然资源的极限。产量的每一次扩大都会增加工资和收入，从而购买新增的产品。然而，工业国家商业活动中存在的明显波动，似乎与萨伊市场定律有所冲突，这反映了在这一时期总体供应过剩、普遍生产过剩，而需求和购买力则明显短缺。

繁荣与萧条

资本主义经济似乎被繁荣与萧条的周期所困扰：在扩张和繁荣之后就会迎来崩溃和失业的浪潮。古典经济学家完善了亚当·斯密的理论，却无法解释经济生活的起起落落。他们认为，这种周期是在资本主义制度下实现物质进步必须付出的代价。长期以来，这种波动被视为暂时的反常现象：雇主和工人、土地、资本和劳动力之间的基本关系是不变的。劳动力和资本的供应可能也确实会发生变化，但从长远来看，还是能够达成一种新的相似的均衡状态。经济学的目的是确定均衡，因此，古典经济学的传统就是一种均衡经济学。

古典经济学家必须解决的另一个问题，就是工人和他们的雇主，也就是资本家之间，在工资和生活水平上的悬殊差距，以及在体系内不平等的权力分配。李嘉图提出的公认观点是，贫穷是因为收益递减规律的作用，具体表现就是越来越多的工人加入了生产设备，另一个原因就是工人的高出生率。直到20世纪末，社会环境与马尔萨斯理论所描述的截然不同，而且对李嘉图的思想也产生了影响：这一时期制造业的工资超过了维持生计的水平，城市出生率出现了下降。

古典经济学家认识到了雇主和工人之间的巨大财富差异，但他们认为这是理所当然的。他们声称，富人不应对穷人的不幸负责。作为马尔萨斯的追随者，他们认为工人的低工资源于人口压力，因此是他们自己的事。

功利主义

早期为古典经济学体系提出辩护的是功利主义学派，最著名的是英国哲学家杰里米·边沁（Jeremy Bentham）。功利主义者将"功利"定义为快乐或幸福的最大化——最多数人的最大幸福——并将这种最大化等同于商品的生产，这是新工业主义不可否认的成就。因此，任何鼓励生产的东西都是有益的，哪怕它可能导致少数人的苦难。此外，当政府或社会的干预最少时，才能以最佳的状态追求幸福。

穆勒同意功利主义者的观点：前进的道路上必定充满艰难险阻，但他也认为这种情况会自我纠正。他相信，最终会出现一种对劳动力较为友好的经济均衡状态，而事实也确实如此。

自由主义的局限性

工业革命初期，大量工人所处的恶劣环境是臭名昭著的。童工、长时间工作、危险的机器和不健康的工作环境随处可见。所有生产领域的劳动者，出于工作或者信贷的原因，越来越多地屈从于大实业家或商人的要求。通常情况下，一旦失业就没有任何保障，社会骚动是当时唯一可用的抗议手段。

自由主义的意见领袖，如英国自由贸易改革家约翰·布莱特（John Bright），反对任何旨在改善现状的立法，他的理由是立法会

工业化、城市化和现代化

侵犯主体的自由。监管越松，经济才会越繁荣。整个19世纪，对国家权威持消极态度始终是经济自由主义的一大特征。

工人阶级开始怀疑自由主义哲学保护了强大的经济集团的利益，特别是制造业；自由主义还助长了对工人漠不关心，甚至残忍的政策。这些阶级开始为争取政治地位而斗争，并逐渐组织起来，接受了更关注他们需求的政治自由主义。

1910年前后，英国驻非洲黄金海岸的首席专员在阿克拉会见了一群阿善堤国王。19世纪末，欧洲人争相在非洲建立殖民地，整个非洲大陆实际上都处于欧洲人的政治和经济控制之下。

社会主义的出现

反资本主义运动有着悠久的历史。在英联邦时期，出现了一个自称"掘地派"的组织。掘地派极力主张废除土地私有制，并主张在共产主义原则基础上建立社会制度。这一运动促进了19世纪激进思想的发展。

在19世纪早期，无论是从道德角度，还是

帝国主义和反帝国主义

19世纪晚期，由于欧洲列强和美国试图获得对亚洲和非洲独立地区的政治和经济控制，帝国主义开始了新一轮的争夺，最后的结果令人惊叹。在各大殖民列强中，英国在1870年至1898年期间，为其帝国增加了400万平方英里领土和8800万人口；法国抢夺的领土面积也差不多，新增殖民人口4000万；还有1871年才统一的德国，也获得了100万平方英里的国土和1600万殖民人口。

1892年，法国军队进入位于现在非洲贝宁的阿波美。19世纪晚期，法国稳步扩大了在西非的领土。

帝国主义的出现，原因是多方面的。在政治上，殖民地是一种体现国家地位的新形式。一些帝国主义者认为，为了保证安全，有必要控制世界其他战略国家或地区；还有人认为，西方国家在道义上有责任把其他民族从暴政中解放出来，并向他们传授西方文化和基督教的好处。

支持建立帝国的一大理由就是经济。在其支持者看来，帝国主义是强调扩大经济贸易的重商主义的合理延伸，甚至可能是不可避免的延伸。在这一论点中，殖民地为母国的工业提供了自然资源，殖民地的人口为母国的制造业产出提供了现成的市场。殖民国通过法律，禁止殖民地与任何其他伙伴国进行贸易，并强迫殖民地使用母国的商船。

然而，一些经济学家认为，虽然帝国主义似乎符合常识，但实际上，它既不造福母国，也不造福整个殖民地，而只是造福了一小部分精英。经济学家穆勒的父亲詹姆斯·穆勒（James Mill）把殖民地称作"上层阶级的一个巨大的户外救济站"。

> 19世纪末，另一位经济学家，约翰·A.霍布森（John A. Hobson）警告说，帝国主义不计后果的扩张会引发战争。霍布森是一个被经济学界排斥的人，他曾提出一个理论，把影响市场的周期性衰退归结于过度储蓄。霍布森认为，储蓄使经济缺乏足够的资本来购买所有的产出，这种观点与所有的经济学传统观念相矛盾。政府的政策仍然建立在积累金银的基础上；社会改革家告诫工人要节俭，或者多存钱。
>
> 由于受到经济学界的排斥，霍布森在英国发动布尔战争期间来到了南非。在《帝国主义》（Imperialism）一书中，霍布森把他的拯救理论与帝国主义结合在一起。他认为，资本主义不会停下扩张和征服的脚步，总有一天会爆发战争毁灭世界。霍布森指出，资本主义经济必须消费它所生产的一切，每一件商品都要被买走。然而，资本主义并不公平地分配金钱。穷人没有钱去买足够的商品，而富人的钱多到又花不完，于是富人被迫去存钱，为了利用这些存款，他们又不得不进行投资。然而，对国内的投资将会创造出更多市场无法消费的商品。所以他们将投资转向了国外。所以可以这样来解释帝国主义："工业巨头们会不断开发外国市场和对外投资，来消耗他们在国内无法使用的商品和资本，从而拓宽自己剩余财富的流通渠道。"
>
> 在霍布森看来，这种肮脏的经济竞争可能会引发战争。霍布森的研究基本上被主流经济学家所忽视，但是为今后出现的对帝国主义越发悲观的论点定下了基调。例如，在马克思主义理论中，帝国主义被视为资本主义腐朽的标志，同时也表明了世界革命的大势所趋。

实践方面，许多国家的激进知识分子都反对资本主义。早期社会主义思想家，包括法国贵族克劳德·圣西门（Claude de Saint-Simon）和威尔士磨坊主罗伯特·欧文（Robert Owen）。其他呼吁改革的人士包括法国哲学家，同时也是乌托邦社会主义者夏尔·傅立叶（Charles Fourier），以及无政府主义之父皮埃尔·约瑟夫·普鲁东（Pierre Joseph Proudhon）。

19世纪下半叶，为了反对资本主义的各种放肆行径，比如雇佣童工，社会主义诞生。工人们开始组建工会与合作社，让他们能够参加政治活动，并通过政治和经济手段保护自己。

萨伊

萨伊在法国采纳并整理了亚当·斯密的学说。萨伊对古典经济学的一个特别贡献是强调了企业家的价值，企业家善于利用经济机会，他们是变革和改进的动力。但萨伊最有影响力的贡献是他提出的市场定律。萨伊定律认为，所有生产商品的价值总和总是等于所有购买商品的价值总和。每卖出一件产品的价格都会带来回报，如工资、利息、利润或足够购买该产品的租金。因此，按照萨伊对市场的理解，资源不可能被浪费：供给本身就能创造需求。

尽管一再出现的危机和萧条表明了萨伊定律的失败，但古典经济学家还是接受了它。为了解释这种衰退，他们提出了一种波浪形的商业周期，这种周期会暂时扰乱经济平衡，但不会改变经济的基本状况。直到20世纪30年代的大萧条时期，萨伊定律才受到英国经济学家约翰·梅纳德·凯恩斯（John Maynard Keynes）的重大挑战。凯恩斯令人信服地指出，市场确实可能遭受需求短缺的困扰，这与萨伊定律是直接相悖的。如果消费者更愿意把钱攥在手里，商品就卖不出去，制造商就会失业或破产。政府就需要采取纠正措施，通过借贷和支出来补充需求的流动。

萨伊定律一旦失效，政府就可以直接采取行动，实施货币和财政政策，以增加或减少收入和购买力。对总需求等变量的研究被称为宏观经济学，它研究的是整个经济；研究更小的经济单位，如个人消费者或企业，被称为微观经济学。

阶级差异

反对资本主义的批评家，对工业社会进行了分析，并且从道德和实践两方面提议进行社会和工业改革。他们声称，从道德角度来说，资本主义是不公平的：它剥削和贬低工人，让富人更加富有，工人则面临苦难。从实践角度来说，他们认为，生产过剩或消费不足，就会引发资本主义特有的周期性危机，这个特点使资本主义无法成为发展社会生产力的高效途径。资本主义并没有为所有人提供工作，而且还放任人力资源不被充分利用或闲置，他们还会生产奢侈品来取代必需品。社会主义反对的是，自由主义对于个人成就和

工业化、城市化和现代化

个人权利的强调，是以牺牲集体福利为代价的。

瑞士经济学家让·查尔斯·西斯蒙第（Jean Charles Sismondi）可能是第一个注意到这一事实的人：社会的主要阶级，富人和穷人，资本家和工人，他们有着不同的利益，彼此之间不可避免地会发生冲突。西斯蒙第认为富人是穷人的敌人，国家有责任保护公民，以免他们成为财富进步的牺牲品，因为这些人不会从中获得任何好处。这一观点，在德国共产主义创始人马克思和恩格斯的著作中被发挥到了顶峰。他们认为，工人最终会奋起反抗，通过革命推翻资本家，夺取生产资料的控制权。

19世纪中期的一幅素描，画的是一群无业男子在济贫院吃饭。许多济贫院只提供最基本的温饱，这反映了19世纪的一种普遍观点：如果你好吃懒做，那就要为自己的贫穷负责。

对工业化社会的反应

随着19世纪的过去,经济理论家的注意力转移到了欲望和需求上,之前他们关注的是决定价格的成本和供给。一件商品有多大的用处,这是它的使用价值,一件商品可以卖多少钱,这是交换价值,而亚当·斯密和古典主义者并没有解决这两种价值之间的差异问题。这种差异导致了这样一个事实:最珍贵的东西,如水或空气,往往价格低廉。19世纪70年代,英国的威廉·斯坦利·杰文斯(William Stanley Jevons)、奥地利的卡尔·门格尔(Karl Menger)和法国的里昂·瓦尔拉斯(Léon Walras)分别解决了这个

迅速工业化的后果:1889年,英国泰恩河畔纽卡斯尔的一个煤炭港口出现了贫民窟。肮脏拥挤的生活是许多欧洲工业工人的命运。

社会达尔文主义

19世纪后期的核心思想是一种颇具影响力的学说,即社会达尔文主义。社会达尔文主义以查尔斯·达尔文(Charles Darwin)的进化论基本原理为基础,从"适者生存"的角度来解释历史、社会、经济和人口的发展。这句名言的意思是,每个物种中最优秀的才能把自己的基因传递下去。但是,很多人认为,这句话最初并不是由达尔文本人提出的,而是由英国哲学家赫伯特·斯宾塞(Herbert Spencer)提出的。

斯宾塞和他的支持者将达尔文的生物进化论延伸到人类社会,甚至延伸

这幅1860年的漫画把达尔文的身体画成了猴子,借此嘲讽他的进化论。

到国家和人民之间的竞争。按照这种观点,像资本主义这样的经济体系中就包含了"适者",他们能够取得进步、繁荣并"生存"下来。相比之下,在这个体系中不可避免地也会有受害者。这不是谁的错,但由于进化的必然性,有的人就会贫困潦倒,也就是工人阶级。

换句话说,社会达尔文主义指出,资本主义制度的固有本质就是不平等和剥削。富人们人不必对制度的不平等感到内疚,因为在世界不可避免的不断发展过程中,他们的角色是自然的选择。同样地,为改善穷人的处境所做的努力,或是穷人为改善自己而付出的努力,都是毫无意义的。优越与劣势与生俱来,无法改变。

斯宾塞的观点产生了巨大的影响。例如,就国家而言,社会达尔文主义认为帝国主义是正当的,是"优等"种族,他们将不可避免地淘汰"低等"种族。在纳粹德国时期,当种族"优越性"堂而皇之成为迫害和灭绝犹太人的理由时,这种学说令人反感的本质变得越来越清晰。

问题。他们提出了边际效用理论。

边际效用的定义是，消费者对某种物品的消费量每增加一单位所增加的额外满足程度。意思就是，要考量的并不是拥有的全部产品的价值，而是在消费者购买的一系列同类产品中最后一件的价值。无论是个体消费者还是生产商，边际分析被认为是理性经济决策的关键。

边际效用理论的核心在于，一种商品或服务，如果越容易获得，那么它的价值或效用就越低。对饥饿的人来说，一片面包是非常值钱的，他也愿意掏钱买下来。对他来说，第二片和第三片面包的价值可能都差不多，但是在吃饱了之后，他就不会再为第四片和第五片面包付那么多钱了。也就是说最终会到达一个临界点，过了这个点之后，就没有任何付出的动力了。

新古典主义

边际主义思想的应用，标志着亚当·斯密及其追随者的古典理论与现代经济学产生了一道分水岭。古典政治经济学家认为，所谓经济问题，就是预测资本和劳动力的数量变化对国民产出增长率的影响。然而，所谓的新古典经济学家的边际方法，关注的是在何种情况下，上述因素的分配能够获得最优的结果，也就是最大限度地让消费者满意。

新古典主义者用边际效用价值论取代了劳动价值论。根据古典传统，生产成本是决定商品市场价值的唯一或主要因素。这种方法最终被认为是不够确切的，因为它没有考虑到不同种类劳动之间的价值差异，而且也忽视了决定个人对商品需求的主观因素。

经济学家们认识到，对特定商品的需求也影响着生产过程中涉

及的劳动力和资本的价值。短期内，劳动力和资本成本可以使该商品的价格与成本持平或高于成本。然而，从长远来看，持续的需求不足将迫使劳动力和资本成本下降，从而使价格下降，一直降到足以刺激需求的水平。

1848年，伦敦人聚在一起，参加宪章派的集会。宪章派对劳工运动的兴起有很大的影响，他们要求普选权——所有人都有投票的权利——和改善工作条件。

阿尔弗雷德·马歇尔

英国经济学家阿尔弗雷德·马歇尔（Alfred Marshall）是新古典经济学中的著名人士。马歇尔认为，经典著作的作者们关注的是市场的供应面，或者说产品是如何生产的；边际效用理论关注的是需求方，或者说消费者想买什么。然而，价格是由供求双方决定的。马歇尔用边际效用原理来解释需求,用边际生产率规则来解释供给。边际生产率是每多增加一单位的生产要素,比如劳动力或新设备,所能增加的生产量。

他解释说,买家想要低价的产品,卖家则希望定高价,而在竞争激烈的市场中,价格会调整到双方都能接受的水平上。因此,在任何实际价格下,买家愿意购买的商品数量正好与卖家准备提供的商品数量相符。市场把商品或服务的供需双方聚集在一起,然后通过价格这一重要工具进行协调。需求量和供给量相等或处于平衡状态的价格就称为均衡价格。

那么市场会如何协调供需环境中出现的变化或干扰呢?马歇尔写道,当需求和供给处于稳定的均衡状态时,如果有外部变量导致失衡,那么就会有力量发挥作用,将价格推回到新的或之前的均衡价格。例如,如果中东的一场战争导致石油供应缩减,那么供应商就会提高价格,因为需求超过了供应。然而,更高的价格又会反过来减少需求。因此,抬高石油价格,就能增加供应,减少需求,从而恢复市场平衡。在新古典主义模型中,市场遭遇的任何干扰必定会引起价格波动,从而引发其他反应,恢复最初的供需平衡。

就像在消费品市场中一样,在货币和劳动力市场中也会发生供求之间的协调。在货币市场,利率的设置可以使借款者与放款者相匹配。借款者希望用借款赚取的利润能够超过他们支付的利息。另一方面,储蓄者因为推迟了自己花钱享受的时间,所以也会提出相应的定价要求。

劳动报酬也必须做出类似的调整。在竞争激烈的劳动力市场中,工资至少代表着工作期间的产出为雇主创造的价值,同时也代表员

罗伯特·欧文（Robert Owen）

　　罗伯特·欧文，是一个出身贫寒的威尔士人，在他20多岁的时候成为苏格兰一家重要工厂的老板。在新拉纳克，在他自己的棉纺厂，欧文进行了一项试验，通过改善工人的环境来提高生产率和利润，此举使他成为享誉国际的慈善家。欧文成功实现了高产，同时也避免了资本主义制度中最大的一些弊端。欧文认为，个人环境的改善是人类进步的关键，在新拉纳克，他创造的环境就体现了这一哲学。在他的工厂，工资更高，工作时间却更短；年幼的孩子不得进入工作场所，被送去上学；工人的住宿条件也比同龄人要好。尽管如此，工厂仍有可观的利润。

　　通过这种方法，欧文证明了在改善工厂环境的同时也能获得利润。他发起的工作环境改革运动，促使1819年议会通过了禁止雇用9岁以下儿童的法案。

　　当时，英国开始发展现代工会，欧文试图将其组织成一场全国性的运动。他的目标是改善工作环境，实行基本的社会和经济改革。1825年，欧文试图扩展他的理论，将人类劳动作为自然价值标准。他在美国伊利诺伊州和印第安纳州购买土地，建立了一个他称之为"新和谐公社"的模范公共村庄。然而，这个实验失败了，"新和谐公社"在3年里成为乌托邦概念的阴影。欧文卖掉了那块地，损失了五分之四的财产。

　　晚年的欧文撰写了大量关于他的理论的文章，并多次参加社会主义代表大会。欧文的思想最终在1844年取得了成果，在英格兰北部的罗奇代尔揭开了国际合作社运动的序幕。

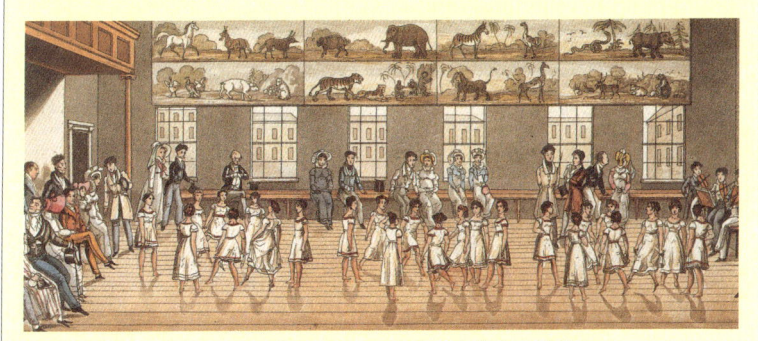

在新拉纳克欧文的工厂里，员工的孩子们为来访者表演乡村舞蹈。

工因忍受工作的单调和疲劳而获得的补偿。

在整个19世纪的最后30年里，英国、奥地利和法国的经济学家，纷纷以各自的方式，推动了边际革命的发展。威廉·杰文斯用数学证明了效用和价值之间的关系。他认为要实现两种商品的交换，它们的价格之比就要等于它们的边际效用价值。杰文斯是计量经济学的创始人之一——计量经济学是一门利用数学方法和模型来分析经济因素的学科。

奥地利学派和法国学派

在门格尔的领导下，奥地利经济学派强调了效用或有用性作为价值决定因素的重要性。门格尔认为，交易之所以发生，是因为每个人对同一种商品有不同的主观估价。今天的经济学家认为，门格尔在价值理论中过分强调消费需求，就像古典经济学家过分强调生产供应一样。

弗里德里希·冯·维塞尔

弗里德里希·冯·塞维尔（Friedrich von Wieser）作为门格尔的继任者，同时也是维也纳的经济学教授，他进一步发展了门格尔的研究。冯·维塞尔还提出了机会成本的概念。机会成本，是影响消费者和生产者经济决策的一个重要因素，也是在获得某件产品时必须放弃的价值：比如，你原本有一笔钱，可以从中获得利息，但是因为要购买新的厂房，所以就要放弃这些利息。当消费者选择商品A而不是商品B时，他们相信商品A会带来更大的满意度，商品B的牺牲就是机会成本。

马克思主义

　　马克思发展了阶级斗争的思想,并对古典自由主义经济学家的均衡理论提出了挑战。马克思认为,资本主义是阶级之间不断冲突的历史过程的结果。马克思曾在柏林的黑格尔中心学习哲学,正是在那里,他接受了由哲学家黑格尔的理论发展而来的动态历史观。历史,以及经济学,不是一个静态的,而是一个动态的进化过程。

　　马克思的观点和著作很快使他成为政府的对头,1843年,他被迫逃离德国前往巴黎,在那里他开始与德国实业家恩格斯建立密切的联系。1849年,他在伦敦定居,直到1883年去世。马克思认为,资本主义是进化过程中的一个阶段,从原始的农业经济开始,经历封建主义,直到最后,私有财产和阶级结构被消除。资本主义国家的阶级结构反映了资产阶级与无产阶级之间的分裂。资本主义创造出了一个庞大的无产阶级,这也正是它为自己今后被共产主义社会推翻而播下的种子。

　　到19世纪末,马克思的社会主义已经成为欧洲许多激进政党的意识形态。在一开始,社会主义是小部分中产阶级知识分子和积极分子所拥护的学说,后来慢慢转变为一个以工人阶级为主体的政党,在这一转变发生的同时,欧洲工业化蓬勃发展,涌现出了大量的无产阶级,他们都是以出卖劳动力为生的工人阶级。

　　马克思并没有质疑资本主义制度的生产成就。他写道,在资本主义统治下不到100年的时间里,它创造了比前几代人加起来还要庞大的生产力。工人和资本家之间的权力和收入分配极不平等,这需要引起人们的关注。这种不平等的出现,是因为资本家把非边际工人积累的剩余价值占为己有,也就是说,这些工人为资本家的收入所做的贡献超过了他们的工资成本。

　　马克思同意亚当·斯密、李嘉图

位于伦敦海格特公墓的马克思墓,现在仍然是支持者们的热门参观地点。

119

等古典经济学家提出的劳动价值论,该理论认为,生产一种产品所使用的劳动力数量是决定产品成本的关键因素。然而,马克思认为,资本家剥削了工人的剩余价值,也就是工人的报酬和他对产品价值的贡献之间的差额。竞争和对财富的渴望将迫使资本家进一步压低工资,并投资置办节省劳动力的机器。一开始利润往往会有所下降,慢慢地机器的成本就赚回来了,随着产能的增加,销量的上升,市场上的竞争对手就会被消灭,经济活动越来越集中在少数人手中,这也会导致失业大军的增加。

马克思写道,随着生产资料的集中化和劳动的社会化,工人与资本主义之间必然会爆发冲突。结果就是工人革命将推翻这一制度。在马克思的批判中,权力分配是资本主义的弱点之一。工人一无所有,只能到工厂出卖自己的劳动力,维持着资本家的权力。

资本家的权力是在长期与贵族、地主阶级的权力联系中发展起来的。根据古典主义经济学理论,马克思认为,边际工资决定了所有人的工资,这是由收益递减规律决定的。原本属于工人自己的剩余价值,最后却被资本家偷走了。

马克思认为资本家与工人之间的冲突是无法避免的,因此主张改革以减轻工人的痛苦,但他忽视了一点:资本主义制度内部的改革或许能够避免这一冲突的产生。许多改革措施都已实施,部分是通过福利资本主义进行运作的。此外,马克思没有意识到,资本主义制度的生产力可能有助于生产阶级的利益,因为他们渴望得到资本主义生产的商品。

瓦尔拉斯的均衡理论

法国边际主义者瓦尔拉斯用一般数学术语描述了经济体系。对于每一种产品,都存在一个需求函数,它表示了消费者对产品的需求数量,这与产品的价格、其他相关商品的价格、消费者的收入以及他们的品位都有关系。

对于他们的生产成本,生产资源(自然资源、资本货物和劳动力)的价格以及技术知识水平,在市场中,每种产品的价格和供需关系都存在一种均衡的状态。这个想法类似于经典力学中的力的平衡:存在一个既能满足消费者又能满足生产者的价格。

单个产品的均衡值是可以通过分析得出的,然而,任何一个市场的均衡状态则取决于其他市场的情况。在现代经济中，实际上存在着数以百万计的市场，因此，总体的均衡涉及所有市场的部分均衡。

瓦尔拉斯构建的一般均衡数学模型是一个复杂的联立方程组。在这个方程组中，所有的价格和数量都是唯一确定的。瓦尔拉斯的经济理论是非常抽象的，但它提供了一个分析框架，纳入了一个完整的经济系统的所有要素。

恩格斯是一位德国实业家，对工业时代英格兰工人境况的研究促使他坚决地与马克思合作，并制定了共产主义的基本原则。

当今的新古典主义

新古典主义学派一直主导着经济学。它的主要特点是采取高度系统化、正规化和细致化的方法，来构建经济行为模型。这些模型的构建都是源于对经济主体（即个人和企业）行为的假设。新古典主义经济学说的倾向在政治上是保守的。它提倡竞争性市场，而不是政府干预，至少在20世纪30年代的大萧条之前，它坚持认为最好的公共政策是亚当·斯密提出的政策：低税收、节约公共开支和年度预算平衡。

新古典主义者不探究财富的起源，也不从道德或情感的角度来描述财富分配。他们解释了收入和财富的不平等,在很大程度上是因为个人在天赋、智力、精力和雄心方面的差异。换句话说,每个人的成功或失败是因为他们的个人属性,而不是因为他们是特殊优势的受益者,或是特殊劣势的受害者。尽管这种理论在20世纪受到越来越多的挑战,但是在资本主义社会,新古典主义经济学仍然得到了广泛的认可,并被当作"教科书",用来解释价格和收入的决定因素。

20世纪的西方

两次世界大战、政治极权主义和最严重的经济萧条,激发了20世纪的经济学家重新评估古典与新古典主义理论、凯恩斯主义和货币主义,最终产生了20世纪的主流经济理论。

从1890年马歇尔的《经济学原理》(*Principles of Economics*)出版到1929年华尔街崩盘,资本主义社会的经济理论一直相对稳定。在1917年之后的苏联,列宁重新解释了马克思主义的理论,提出了一个与资本主义相平行的共产主义经济学说,在有些人看来,这一学说与资本主义是相互对立的。与此同时,在西方,马歇尔新古典主义的追随者发展、巩固和完善了边际效用

工人们在早期的生产线上生产福特T型车,这是第一批大规模生产的汽车。截至1915年,通过装配线实现的产量增长使福特垄断了美国一半的汽车市场。

理论。

效用理论被应用于分析在许多情况下的消费者行为，比如收入或价格发生变化时。这一理论导致人们用边际生产率来解释生产，边际生产率是指在某一产品的生产中每多生产一件产品带来的成本。一种新的分配理论也随之产生：工资、利润、利息和租金都取决于"边际产品价值"，即增加一单位要素的投入（例如劳动力或厂房）所增加的产品的价值。

直到20世纪30年代初全球大萧条发生之前，在西方非马克思主义经济学家看来，新古典主义的立场是无懈可击的。新古典主义者认为，经济主体，无论是个人还是公司，其决策不是基于绝对的准则，而是基于边际变化。经济主体会寻求实现某些目标，为此他们会采取最佳的做法。他们会根据边际成本调整价格；在必要时下调成本，包括人工，以确保所有工厂、材料，以及最重要的——工人——都已投入使用。根据萨伊定律，工资、利息和利润足以支撑需求，价格的变动是为了适应购买力回流出现中断。

新古典主义经济行为模型的假设是，个人选择商品是为了让满足感或效用最大化，而企业的动机则是利润最大化。价格在协调消费者和生产者双方的行为方面起着关键作用。需求量和供给量相等时的价格称为均衡价格。因此，价格在新古典主义市场模式中发挥了至关重要的协调作用。

新古典主义和竞争

市场有能力使商品价格与边际成本达到平衡，这个观点在很大程度上仍停留在理论层面。马歇尔等新古典主义经济学家专注于两种极端的市场结构类型：一种是纯粹的垄断，即一个卖家控制某一

"镀金时代"的背景。马车穿过曼哈顿的第五大道,左边是中央公园,右边是美国富人的豪宅。

种产品的整个市场;另一种是纯粹的竞争,在这一模式下存在许多卖家、许多消息灵通的买家以及单一的标准产品。然而,完美的竞争环境是不存在的,无论是买方还是卖方都享有优势,竞争不会使价格与边际成本相对等。

1911年,奥地利经济学家约瑟夫·熊彼特(Joseph Schumpeter)出版了《经济发展理论》(*The Theory of Economic Development*),这是对新古典主义理论的一个重大贡献。熊彼特提出了一种经济增长和波动理论,将技术创新的作用纳入考虑范围。熊彼特体系中的核心人物——企业家,用新的产品、流程或生产组织类型对既定的均衡构成了挑战。当时的趋势是建立一种新的均衡，一种新的稳定状态，熊彼特认为，这是一种循环流动的状态，生产朝一个方向流动，货币则向另一个方向流动。这种新的均衡必定会被下一个创新者以及生产过程中的下一次新变化所打破。经济生活将持续下去并不断扩大，这就是经济发展的本质。

提倡竞争的古典经济学家把垄断视为是一种反常现象，但是专注于经济学进化本质的熊彼特认为，垄断在经济生活中扮演着积极的角色。古典经济学家指出，垄断消除了来自竞争者的价格压力，从而使价格高于边际成本。熊彼特则认为，如果创新者可以凭借垄断摆脱仿造或竞争的威胁，那么通过创新就能获得最好的资金与回报。因此，如果垄断企业利用其利润来刺激创新，消费者就可能会从垄断中受益。在垄断资本主义制度下，企业将更多地关注技术和组织创新，而不是价格竞争，从而在经济体系中引发"创造性破坏风暴"。

索尔斯坦·凡勃伦和美国经济学

美国经济学家、社会学家凡勃伦对新古典经济学体系发起了挑战，他在19世纪与20世纪之交发表了一系列有影响力的论文。凡勃伦认为，新古典主义的中心思想不是建立在真理之上，而只是建立在被认可的信仰之上。新古典主义经济学家把人类想象成精打细算、寻求最大愉悦的形象，但是人类的动机是非常多样化的。经济生活是不断演变的，因此，在经济学理论中设定静止不变、连续有效的条件是错误的。正如经济制度的不断变化，经济主体也应该发生变化。如果无条件信奉新古典主义思想，就会忽略这一事实。

修正新古典主义

新古典主义理论提出,一个存在完美竞争的市场,会被垄断或寡头利益所破坏。美国的爱德华·H.张伯伦(Edward H. Chamberlin)和英国的琼·罗宾逊(Joan Robinson)在20世纪中期引入了一种新的垄断观念,使其在古典体系中占据了重要位置。在古典主义理论下的竞争环境中,没有单一生产者会控制价格;而在垄断的情况下,单个生产者会控制价格以实现收益最大化,张伯伦和罗宾逊认为,在这两种情况之间,实际上还存在一系列中间情况。在某些情况下,可能还是或多或少的完全垄断,只有一个生产者供应整个市场。

随着越来越多的公司在同类产品市场上竞争,广告也越来越重要。这是1917年的一则广告,山姆大叔正在推销一种叫作小麦奶油的麦片。

其他情况下,市场可能是寡头垄断的,这意味着市场由少数几个主要供应商所主导。当时市场上的寡头垄断很明显,例如,美国三大汽车生产商,还有石油、钢铁、化学、橡胶轮胎、机床和农用设备工业。

在寡头竞争体系下,只有少数几家企业参与,生产的也都是无差别产品或标准产品,而垄断竞争就不同了,会有多家企业生产相似但有区别的产品。张伯伦和罗宾逊认为,在垄断竞争之下,许多公司的定价可能会高于完美竞争下的价格。

因此,在垄断竞争中,企业不仅在价格上竞争,而且在产品差异化方面也会展开竞争。生产者利用品牌和包装——往往还会结合广告手段——提高自家产品在同类产品中的可辨识度。例如,纸盒包装的洗涤剂可能比其他的更吸引眼球。品牌和广告使得每个生产商都能占据一小部分垄断地位,并且创造了足够的品牌忠诚度,以确保即使生产商涨价,消费者仍愿意买单。

张伯伦和罗宾逊没有能够提出,在垄断竞争下,一套令人满意的价格决定理论。理论上,寡头成员的定价和利润与垄断成员没有太大区别。另外,也不能以竞争市场取得的最优价格和产量进行假设。然而,在现实中,在大多数发达经济体中,制造业的特征就是垄断竞争。

在《有闲阶级论》(The Theory of the Leisure Class)中，凡勃伦研究了主宰美国社会的富人的行为和动机。他把社会划分为拥有企业的"掠夺者"或"休闲者"阶级和生产商品的"勤勉者"阶级。凡勃伦批评企业主只看重利益，把休闲阶层描述为危害经济的寄生虫。

镀金时代

凡勃伦批评的对象是19世纪末所谓"镀金时代"的富豪，他们大肆炫富，吸引了人们的注意，甚至是羡慕。像范德比尔特(the Vanderbilts)这样的家族，他们挥金如土，吸引了许多美国人。这种行为显然得到了达尔文主义的认可，因为达尔文主义认为社会地位等同于先天优势。

然而，凡勃伦认为，他所说的富人"炫耀性消费"是无用的，还可能是有害的。他把富人当作一种人类学现象来考察。他写道："有闲阶层的制度，在野蛮文化的高级阶段得到了最佳发展。现代社会巨富的炫富行为就是原始社会部落领袖的写照。就像部落首领非常看重手下女人的装饰一样，富人的'妻子们'也成为展示丈夫财力的礼仪小姐"。许多美国人从小就被教育要自力更生和努力工作，所以，抨击游手好闲的富人自然引起了他们的共鸣。

凡勃伦的影响

早期的经济学家把消费作为古典经济学的最高目标。18世纪，杰里米·边沁(Jeremy Bentham)主张，消费和获取商品是"幸福"的最高来源，这也是经济体中所有人的目标。不断提升消费能力是一切努力和辛劳的最终理由。

凡勃伦的贡献是把消费的全面发展归类为个人满足感的空虚扩

张。凡勃伦在其他著作中坚持认为，他那个时代的经济体系是以价格波动为基础的。他建议，可以通过让专业人士负责生产和分销来改善低效的经济体系。他指出，有两类人之间是存在冲突的：一类是工程师和科学家，他们技术娴熟，具备潜在生产力；另一类是企业家，他们以利润为导向，为了保持价格和利润最大化，他们会打压这些专业人士。凡勃伦还强调了普通工人对自身工作的自豪感，他鄙视学术界对那些控制美国高校的商业利益集团的阿谀奉承。

20世纪20年代，制度经济学派在美国蓬勃发展，凡勃伦在该学派中具有强大的影响力。这一学派的人物包括韦斯利·克莱尔·米切尔（Wesley Clair Mitchel）和约翰·康芒斯（John R. Commons），但是它没有发展出完整的理论体系，来取代或补充正统的新古典主义理论。然而，对于以下几点，制度经济学家们的态度是一致的：一是对正统经济学的抽象理论表示不满，二是倾向于将制度经济学与其他学科相隔绝，三是对自动市场机制的高度关注。

福特和装配线

20世纪初美国经济自身也发生了变化。美国出现了"福特主义"，其特征就是大规模生产、劳动力的进一步分工，以及促进大众消费的信贷增长。1913年，美国企业家亨利·福特（Henry Ford）开始在工厂使用标准化的可互换零件与装配线技术。尽管福特不是第一个使用这种做法的人，但他与这种方法的普及以及随后美国工业的迅速扩张有很大的关系。

在福特的体系下，脑力劳动和体力劳动完全分开了。当车辆经过一条机械化的装配线时，每个工人在每辆车上执行一项或少量的重复工作。这与过去的生产方式有了很大的不同，当时的生产是按

1908年制造的第一辆福特T型汽车。在1927年停产之前，该型号生产了1500多万辆。

照传统的工艺流程进行的，工人具有组织和操作的技能。

到1914年初，福特的创新虽然大大提高了生产力，但却导致工厂每月的劳动力流失达到40%到60%，工人们为摆脱单调的装配线工作，纷纷逃离，他们对生产现状也提出了更高的要求。福特将工人每日工资翻了一倍，从当时业界标准的2.5美元提高到5美元，此举提升了劳动力的稳定性，并大幅降低了运营成本。此外，新的技术手段也带来了产量的巨大增长，这些因素使公司利润翻了一番，从1914年的3000万美元增加到1916年的6000万美元。

科学的管理

新的生产模式包括在大型多部门的企业中增加机械化的应用，移动装配生产线，以及实施零部件和成品的标准化。美国工程师弗雷德里克·温斯洛·泰勒（Frederick Winslow Taylor）提出了"科学管理"原则，并在此基础上发展了"泰勒主义"，将工程师等生产组织者与进行生产的半熟练操作工划分到不同区域，从而加强了对生产过程的管理控制。这些改革在推动过程中遇到了相当大的阻力，但最终还是被工会接受了。

福特工厂的生产效率如此之高，以致汽车的生产价格不断下降，最低价格达到50美元。每10秒就有一辆车下线，每年有200万辆车出厂。结果到了20世纪20年代，美国汽车生产规模日益庞大，世界汽车产量的90%以上来自美国。低廉的价格使员工成为自己产品的消费者，通过工资的提高，他们也分享到了生产力与关联价值的增长带来的好处。通过这种方式，福特在推动大规模生产和技术进步的同时，也促进了与之相匹配的大规模消费。

第一次世界大战时期的一幅法国漫画，将犹太商人描绘成奸商。

世界大战及其后续影响

在美国加速推进工业化的同时，其他许多国家正在遭受世界大战带来的经济影响。在第一次世界大战中，德国及其盟国战败，美国、英国、法国及其盟国取得了胜利。在俄罗斯，战争造成的苦难在某种程度上导致了1917年的

革命。

在马克思主义政党的领导下，工人们推翻了俄国的帝国统治，控制了俄国。在列宁以及后来的斯大林领导下，俄国和后来的苏联都抛弃了资本主义经济路线。

俄国革命建立了以马克思主义为基础的共产主义，成为资本主义制度的强大竞争对手。从1917年直到1930年的经济大萧条，在许多国家的人们看来，新的苏联经济体系是一种貌似合理的方案，可以用它替代当前严酷，甚至不人道的经济体系。革命的发生，显然印证了马克思的预言，但是对经济思想产生了矛盾的影响。革命的威胁促使一些经济学家开始推动改革，他们建议采取养老金、失业补偿、工会支持和最低工资等做法，从而缓解群众的愤怒。

1917年8月，伊普尔附近的英国士兵试图从泥地中拖出一门野战炮。第一次世界大战期间对大炮和弹药的巨大需求极大地推动了美国工业的发展，也为美国成为世界领先的工业强国奠定了基础。

其他经济学家认为，所有这些改革措施都是对苏联模式的投降，他们主张应该更加严格地推行自由市场的方法。

战后的欧洲

俄国共产主义在美国和其他工业化国家也吸引了大量民众的支持，原因之一是战后资本主义制度面临崩溃的威胁。

欧洲及其经济陷入一片废墟。德国的情况最为严重。基于德国在第一次世界大战中的角色，1919年的《凡尔赛条约》针对德国提出了苛刻的条款。德国失去了国内领土和海外殖民地，被迫上交了大部分的煤炭、火车和商船。在大多数德国人看来，最糟糕的是，德国被迫承担战争的全部责任，并为战争造成的损失支付赔款。

遭受重创的德国经济无法履行其赔偿要求。1923年，法国军队进入德国鲁尔地区，接管煤矿并索取赔款。德国政府鼓励工人消极抵抗，并且印制大量钞票支付工人工资。这是导致恶性通货膨胀的原因之一，在16个月

西尔斯罗巴克公司1927年的邮购目录。邮购将美国农村与日益城市化的经济联系在一起，任何人都可以购买到最新的商品。

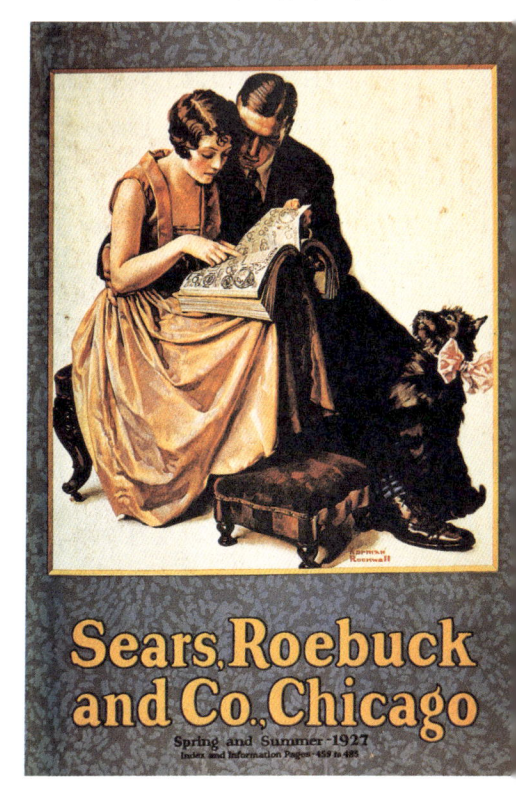

的时间里，物价上涨了100亿倍。储蓄、养老金、保险和其他形式的固定收益毁于一旦，这引发了一场社会革命，摧毁了德国社会中稳定的群众基础。

胜利的代价

战胜国的处境几乎同样糟糕。在法国，战争结束时最迫切的问题是法郎的稳定。1918年价格管制解除后，法郎的价值从20美分下降到6美分，最终下降到2美分。1926年，法郎的价值稳定在了战前价值的1/5。20世纪20年代末曾出现短暂的繁荣时期，最后以大萧条告终。

在英国，战争的费用由年度预算支付，1918年的预算是1913年的13倍；税率增加了5倍，而国债增加了14倍。在战后的选举中，社会主义工党成为最大的反对党。战后短暂的经济繁荣到1922年就消失了。

1925年，政府将英镑恢复为金本位制，就是以黄金为本位币的货币制度。在金本位制下，每单位的货币价值等同于若干重量的黄金。然而，按照战前的黄金价值来估算，英镑太贵了。英国的出口产品，尤其是煤炭，因价格过高而被挤出了国际市场。为了使出口更具竞争力，英国只能削减出口价格，还有工资。

1926年，一场大罢工导致了所有工厂歇业，这似乎是对国家本身赤裸裸的挑战。政府动用军队镇压罢工，并通过立法削弱工会。但与此同时，政府也尝试缓解社会困难。1925年的《寡妇孤儿及老年年金法》(Widows', Orphans', and Old Age Contributory Pensions Act)为社会的弱势群体提供了政府支持。

20世纪的西方

1926年英国爆发大罢工，工人抗议遭到了政府的严厉镇压。这一期间发生了许多暴力事件，图中是伦敦一辆被烧毁的公共汽车。

德国的问题

英国的凯恩斯是20世纪最有影响力的经济学家之一，也是对英镑回归金本位制最坚决的反对者之一。在第一次世界大战期间，凯恩斯在财政部就职，他作为正式代表参加了巴黎国际和平会议，此次会议上达成了《凡尔赛条约》。凯恩斯反对该条约中的经济条款，特别是对德国施加的严厉赔偿，以及对德国经济的限制。凯恩斯为了写《和平的经济后果》(The Economic Consequences of the Peace)辞去了官职，在这本书中，他预测了德国赔款对欧洲经济的负面影响。

凯恩斯认为，如果德国的工业基础陷入混乱，它就无法用任何可以想象到的出口收入来偿还债务。由此引发的贸易与金融混乱，不仅

替罪羊

在第一次世界大战后的10年里，战胜国和战败国的公民都在寻找替罪羊，来解释他们所面临的经济萧条和社会困境。他们选择的发泄对象千差万别，但通常缺乏现实依据。例如，在美国，司法部部长米切尔·帕尔默（Mitchell Palmer）制造了一场"红色恐慌"，以同情共产主义和社会主义理论为由，将许多人驱逐出境。世界产业工人组织，又称世界产业工会，是一个成立于1914年的国际劳工组织，也成为官方发泄敌意的目标。1927年，意大利出生的无政府主义者尼古拉·萨科（Nicola Sacco）和巴尔托洛米奥·凡泽蒂（Bartolomeo Vanzetti）被处决之后，美国对内部威胁的恐惧达到了顶峰。全球范围内对这一处决表示抗议，人们对两人被判谋杀罪提出了质疑，怀疑他们是因为外国人身份，且抱有"非美国"的政治信仰而被当成了替罪羊。

社会主义者和共产主义者是最常见的替罪羊，另一个常见的替罪羊是犹太人，就像中世纪的情况一样，当时欧洲的犹太人被认为是贪婪的奸商。在德国，在没有任何客观证据的情况下，希特勒的纳粹党，通过宣传将德国的犹太人描绘成全民公敌，以此煽动人们的怨恨。正是在这种态度的基础上，纳粹党后来将犹太民族归类为"劣等"民族，并且实施了种族灭绝计划。

会惩罚试图重建经济的战败国，还会祸及整个欧洲。在欧洲大陆的地理中心，昔日最强大的国家之一将成为一片经济荒原。与此同时，德国国内的不满情绪导致了政治上的不满。

战争一结束，这种情绪就表现为对革命共产主义的支持。但随着20世纪20年代的不断推进，德国人开始从极右翼政客那里寻求对失业和贫困的慰藉。20世纪20年代中期，希特勒的纳粹党起源于巴伐利亚地区，并获得了全国人民的支持。希特勒鼓吹恢复民族自豪感，并且宣扬实施领土扩张。希特勒认为，令德国陷入困境的并不是带领国家加入第一次世界大战的军国主义者，在他看来，替罪羊应该是社会主义者，更糟糕的是，他认为是德国的犹太人。

大萧条

1929年，一场前所未有的大萧条袭击了全球经济。这场持续到1934年的大萧条促使经济学家重新思考他们的理论。在应对大萧条的过程中，凯恩斯提出的观点对新古典经济学构成了极具影响力的冲击。

自工业革命以来，工业化资本主义国家的商业活动水平持续走低，经济也随之下降。经济学家将这种波动定义为正常商业周期的一部分，但对于这一波动出现的原因并没有达成普遍的一致意见。有些经济学家认为这和19世纪频繁出现的投机活动有关联，当时宽松的借贷鼓励了经济的扩张。当银行收回贷款，或当信用票据到期，需要用硬通货偿还时，紧缩就随之产生了。其他经济学家认为，经济增长是一波又一波的，且时间长短不一。最后，经济学家把经济不景气与货币供应紧张及价格紧缩关联起来，就像1873年美国采用金本位制之后的情形一样。

美国经济学家韦斯利·克莱尔·米切尔（Wesley Clair Mitchell）是最优秀的经济周期分析

这是1935年施工期间，泛光灯照亮了博尔德大坝。这座水坝，现在被称为胡佛水坝，建在科罗拉多河上，是新政计划的一部分。

专家。米切尔并不是传统的古典经济学家，他认为每一个商业周期都是独一无二的，因为在周期产生之前的一系列事件也是独一无二的。米切尔确定了商业周期的4个阶段并分别命名为：繁荣、停滞、萧条和复苏。

对大萧条的持续时间和严重程度，所有关于商业周期的经济学论点都无法做出解释。在大多数经济学家看来，经济复苏是对萧条的必然反应，但目前几乎没有任何复苏的迹象。对于那些认为政府不应实施干预的经济学家，美国总统罗斯福并没有理睬。罗斯福的新政推动了一系列措施刺激经济复苏，同时为社会中最贫困的成员提供救济。新政是基于凯恩斯理论而提出的，即通过提供就业增加支出来刺激商业，从而刺激更多商品的生产。

新政

新政增加了对富人的征税，对私有设施实行严格管控，保护工资谈判过程，并建立了一套公平的就业标准。将近50亿美元的巨额救济拨款为多个项目注入了活力，并资助了一个由工程兴办署管理实施的联邦"以工代赈"项目。

1935年，国会通过了《社会保障法》（*Social Security Act*），建立了退休基金、失业保险和地方福利补助体系。这些计划，加上公共住房补贴计划，构建了人们所谓的"福利国家"。到1939年新政结束时，联邦政府不仅加强了对货币供应和美联储政策（货币政策）的控制，而且也进一步理解了自身征税、借贷和支出（财政政策）的经济后果。

新政引入了对市场的限制，允许联邦政府的发展，推行高税收和经济调控，虽然美国正统经济学家仍普遍接受新政，但这是因为

凯恩斯和罗斯福新政

凯恩斯主义，这个在1945年到1970年期间占主导地位的经济学说，是在20世纪30年代末为应对大萧条而提出的，当时就显现出了重要的作用。1929年10月华尔街股市崩盘，拉开了全球经济衰退的序幕。这场大萧条迅速蔓延到欧洲和世界其他地区，古典经济学家对于其持续时间和严重程度均无法做出解释。到1932年，美国的大多数银行都倒闭了。美国的失业人数上升到1400万，德国上升到600万，英国上升到300万。

20世纪30年代，罗斯福总统坐在他的办公桌前。罗斯福十分擅长与普通美国民众沟通，这对恢复经济信心至关重要。

在大萧条之初，经济学家对政府的干预程度各持己见。大多数人坚持认为，市场自身的力量最终会纠正其走向，因此，必须允许市场自行发展。传统经济学对大规模失业的解释是，劳动力市场的僵化阻止了工资持续下降，从而使其无法降低到一定水平，以恢复维持市场均衡。这种劳动力市场模型背后的理念是：如果发生大规模失业，劳动力寻求就业带来的压力会不断压低工资水平。一方面，工资下降到一定程度时，一部分人就会退出劳动力市场（即劳动力的供给将会下降）；另一方面，因为工资水平低，企业就会雇佣更多的劳动力，从而获得更多的利润。然而，如果因为某些方面的强硬态度，导致工资无法下降到劳动力供求平等的均衡水平，那么失业就会持续下去。例如，工会为保住最低工资而采取的行动，就可能会造成这种障碍。古典经济学家极力主张工会接受降薪。

其他经济学家则认为，政府不仅要发挥作用减轻大萧条的社会影响，同时也要努力重振萎靡的经济。例如，根据英国经济学家阿瑟·庇古（Arthur Pigou）对商业周期的解释，商业领袖的乐观或悲观态度都可能会影响经济趋势。在大萧条初期，美国总统赫胡佛公开表示对美国经济的内在活力持乐观态度。然而，胡佛的积极表态并没有起作用，也没能刺激经济腾飞。

1932年，随着罗斯福当选总统，新一届致力于政府干预经济的领导班子登台亮相了。1933年最重要的立法涉及各大主要经济部门，特别是新通过的《农业调整法》(the Agricultural Adjustment Act)。该法案提供了多种机制帮助提高农产品价格，最重要的特点是，它与农民达成了一项协议，政府向农民支付补贴，从而减少剩余作物。从那以后，对农业的支持就一直保留了下来。在大多数工业地区，如日本、欧盟和美国，对农产品价格提供支持始终是古典经济学需要解决的问题。

新政背后的经济理论是由凯恩斯在1936年的《就业、利息和货币通论》(General Theory of Employment, Interest, and Money)中提出的。凯恩斯挑战了对于萨伊定律中描述的古典经济学的基石，即所有的收入都能实现回流，要么转化为对商品和服务的需求，要么转化为充分就业。凯恩斯认为，经济不会自动趋向于充分就业的状态，不能依靠市场力量扭转经济颓势。除了劳动力市场不平衡以外，持续失业也可能是由其他因素造成的，例如，对产出的需求不足。举个例子，如果在充分就业的情况下，企业决定削减在新机器上的投入，那么机械制造商就会失去工作，他们在消费品上的支出也随着减少，进而导致一些生产消费品的人也失去工作。因此，"乘数"效应开始产生，使经济处于比以前更低的就业、收入和产出水平。

与古典经济理论恰恰相反的是，凯恩斯认为在经济中不会自动产生力量来阻止这种情况的发生。削减工资可能会降低企业成本，但也会减少工人的购买力，因此企业的销量并不会增加。经济中的需求（即开支）过低将导致高失业率。只有政府采取行动削减税收或增加开支，哪怕会造成暂时的预算赤字，才能使经济恢复到充分就业状态。政府必须确保经济中的需求足以创造和维持充分就业，但又不至于过高而导致通货膨胀。因此，根据凯恩斯的理论，为了给田纳西河谷等萧条地区带来就业，罗斯福政府推出的公共工程计划就非常精准地实现了这一目的。

凯恩斯赞同古典主义者的观点，认为储蓄和投资必须是平等的——人们的存款随后被借给公司用于投资设备——但他坚持认为，在充分就业的情况下，两者不一定是平等的。在不同甚至严重的失业水平下，可以存在均衡。凯恩斯认为，不能指望低利率能增加投资。仅仅依靠名义上的回报率是无法吸引储蓄者的，那点回报率可能还抵不上持有流动资产带来的收益。如果一个市场产能过剩，而且没有明显有利的回报，那么它就无法吸引投资。凯恩斯认为，答案在于通过实施政府干预来提高投资支出水平。只有以这种方式故意增加赤字，才能打破就业不足的均衡。

凯恩斯开创了一个全新的经济学领域，就是宏观经济学。它专注于国民经济，研究哪些因素决定了国民收入、价格、通货膨胀、经济增长，以及财政和货币政策的作用，此外还探究了消费和投资的决定性因素。宏观经济学区别于微观经济学，微观经济学涵盖了传统的经济学领域：市场、个别商品和服务的供求、它们的相对价格模式、企业、企业家、垄断问题、竞争、不完全竞争，以及分配理论。这些主题仍然是新古典主义经济学家的主要研究领域。宏观经济学是建立在微观经济学基础上的，而凯恩斯主义"革命"并没有打破新古典主义对企业、工会、工人个体和消费者之间权力分配的看法。

美国著名经济学家加尔布雷斯曾是罗斯福总统的一名顾问，后来他还担任过肯尼迪总统的顾问。

用美国经济学家 J. K. 加尔布雷斯（J. K. Galbraith）的话来说："凯恩斯为资本主义解决了萧条和失业的困扰，或者这就是他的本意。但是他也回避了资本主义无法解释的特征，而根据马克思的预测，正是这些特征会导致资本主义的垮台。"

他们没有更好的建议。相比之下，商界则认为福利措施是一股阻碍自由企业发展的力量。20世纪80年代，美国和英国的保守派政府就是这种态度，但大多数福利措施仍然存在。

冯·哈耶克和保守主义

新政引来了一些人的反对，保守主义也随之产生，成立了一

141

冯·哈耶克

生于奥地利的英国经济学家冯·哈耶克，是一位针对凯恩斯主义以及第二次世界大战后福利国家的保守派批评家。在维也纳和纽约学习之后，他于1931年搬到伦敦，在伦敦大学和伦敦经济学院担任学术职务。哈耶克在他极具影响力的著作《通往奴役之路》中指出，政府对自由市场的控制或干预，只能拖延通胀或失业带来的威胁，而不能消除。他认为，凯恩斯主义倡导的零碎的政府干预最终只会导致国内经济的崩溃。他认为，这种局面只会为极权主义者夺取政权铺平道路，20世纪20年代和30年代希特勒在德国就是这么做的。

种独特的美国政治运动。保守派主张回归自由市场经济，缩减联邦政府及其官僚机构的开支。在奥地利出生的经济学家弗里德里希·冯·哈耶克（Friedrich A. von Hayek）在《通往奴役之路》（*The Road to Serfdom*）一书中，清清楚楚地表达了保守主义的观点。他在书中主张，除非是对货币供应施加限制，政府不应该干预控制通货膨胀或其他经济事务。

哈耶克等人支持商业周期的过度投资理论。他们认为，当生产扩大到一定程度，资源利用效率就越来越低，导致的结果就是经济的不稳定。当生产成本上升，如果无法将其转嫁给消费者，生产商就会削减产量并裁员。

哈耶克和同时代的路德维希·冯·米塞斯（Ludwig von Mises）强调了市场的动态性。这一传统经济思想源自奥地利人门格尔。他们都认为，现实的市场运作与新古典价格机制模型相距甚远。

奥地利学派

根据奥地利学派的观点，市场可能趋向于均衡，但实际上处于一种恒定的非均衡状态。与此同时，由于假设完全掌握了所有信息，新古典主义理论消除了市场最重要的一项功能——生成各类信息，这些信息能够刺激市场开展互利的交换。

奥地利学派进一步认为，无论是从理论还是实践角度来看，人类的需求是多样化的，为了满足这些需求，就需要建立复杂的资本与劳动力结构。因此，无论是从理论还是实践角度来看，社会主义的社会是不可能实现的。因此，社会主义的福利措施就是一种压迫，会不断降低人格。垄断在很大程度上是不相干的，而且也不是说政府为防止垄断就可以正当地实施恶劣干预。重点是应当把创业和竞争联系到一起，这两者都是发挥协调作用的重要因素。对于一个秩序良好的社会来说，市场必须有适当的政治和社会进程予以补充。在这个社会中，国家的首要任务是定义和保护个人的财产权及其交易方式。

国民生产总值

1939年，希特勒在欧洲日益猖狂的侵略导致了第二次世界大战的爆发。1941年12月，在日本轰炸珍珠港之后，美国加入了同盟国阵线。世界大多数国家又一次卷入了灾难性的冲突之中。

战后，凯恩斯主义成为经济学中公认的明智之举。该学说重点关注的是需求，它认为需求是决定产出水平的关键因素，这有助于建立国民收入核算体系。由凯恩斯主义衍生出了对国民产出或国民

收入的组成要素的研究,以及相关的国民生产总值(GNP)的概念。它衡量的是一个国家经济活动的最终产出。一个国家潜在的国民生产总值的规模取决于它的生产要素——企业家、劳动力、资本、土地与自然资源、技术。实际产出将取决于国家的劳动力和资本财产被充分利用的程度。在任何时候,当劳动力未充分就业或资本财产没有被充分利用时,产出就可能会小于潜在产出。今天大多数国家报告的是国内生产总值而不是国民生产总值。国内生产总值(GDP)是一个国家在一年内生产的所有最终产品和服务的价值。

第二次世界大战期间,费城军工厂的一名女工正在测量弹夹。这场战争使许多美国妇女首次进入职场。

战时表现优异

凯恩斯主义的统计分析证实了许多美国人早已知道的事实:战争对商业有利。在1939年至1944年,由于需要为自己和盟国的军队提供补给,美国的国民生产总值几乎翻了一番。个人消费不断增长，失业率从17.2%下降到1.2%。即使是凯恩斯主义的批评者也不会怀疑这种显著的经济增长就是公共需求的结果，证据就是，联邦政府在商品和服务上的支出从228亿美元增加到了2697亿美元。凯恩斯理论在1946年被纳入了《就业法案》(Employment Act)。这一法案致力于维持高水平的就业和生产，以支持高水平的需求，这是一项里程碑式的法案。它代表着美国放弃了经济自由这一国策。它还设立了总统经济顾问委员会，并要求总统每年向国会提交一份经济报告。

在英国，凯恩斯主义政策从20世纪40年代开始实施，一直持续到20世纪70年代末。其目标是依据经济的生产能力，保持总体需求的不断增长，一直达到可以维持充分就业，但又不至于引发通货膨胀的水平。直到20世纪70年代，凯恩斯理论的一些缺陷变得更加明显。

计量经济学

在第二次世界大战后的25年"美好时光"里，人们重新燃起了对计量经济学的兴趣，它是经济关系的数学公式。人们会使用微积分、概率论、统计学、线性规划和博弈论来分析、解释和预测经济因素和系统，如价格和市场行为、生产成本和商业趋势。计量经济模型则被企业和政府当作预测工具。

投入产出分析是从投入和产出之间的关系上来研究经济。用这一理论的发明者、俄裔美国经济学家瓦西里·莱昂蒂夫（Wassily Leontief）的话说，投入产出分析表"描述了在特定时期内，一个经济体中的商品和服务，在所有个体部门之间的流动情况"。莱昂蒂夫的方法对经济学思想产生了重大影响，并被广泛应用。然而，即使是

瓦西里·莱昂蒂夫

瓦西里·莱昂蒂夫出生于圣彼得堡，十月革命后不久便离开了俄罗斯，曾在德国和美国哈佛大学任教。莱昂蒂夫研究了经济中各部门之间的相互依赖性。经济学家们早就知道这种相互依赖关系是存在的，并试图将其组成部分编入法典。在莱昂蒂夫的投入产出理论中，经济是一个综合的系统，在这个系统中，生产、消费或分配活动相互之间是存在流动与转移的。所有这些流动都被列在一个矩形表格中，即输入-输出矩阵。因此，在这个体系中，可以发现，某个产业部门的产出传播到了另一个部门，还可以追踪到经济中某一部分的调整。莱昂蒂夫的成就是用矩阵代数的方法解决了这个问题。

有了电脑，投入产出分析已经成为理解经济学的一种实用方法。产业间的图表对于资本主义的发展产生了影响，对于社会主义的规划也极具实际意义。例如，苏联就运用了投入产出分析，在计划经济中，它有必要了解每个行业对其他行业的需求。

如此复杂的模型也可能产生不准确的预测。正如美国经济学家加尔布雷斯所指出的："这个把变化和（经济活动）结果相关联的方程式，是基于人类的判断而建立起来的，但是这种判断是根据过去对投入产出关系的统计数据而得出的。判断可能会出错，关系也会变化。"

福利国家理论

美国对大萧条做出的一个重大回应是建立福利国家。这个概念最早出现在19世纪的德国。当时主要是出于对革命的恐惧，德国总理俾斯麦从1884年到1887年推动立法，为大多数德国人提供事故、疾病、养老和残疾保险。1911年，在工会和费边社等中产阶级社会主义组织的影响下，英国也通过了福利立法。在推动立法的过程中，没有反对是不可能的。毕竟，英国是反对政府干预经济的古典正统学说的诞生地。然而，1920年，英国经济学家庇古将马歇尔的观点发展为区分私人成本和社会成本的理论，奠定了福利理论作为经济研究分支的基础。

古典经济学反对收入再分配。它认为货币的边际效用不同于商品的边际效用。

对获得金钱的个人来说，金钱的边际效用并没有降低满意度。因此，把收入或积累的财富从富人转移到穷人身上，在经济上是没有道理的。但是庇古指出，货币的边际效用确实会随着收入的增加而下降；换句话说，穷人并没有因为收入的增加而获得比富人更多的享受。庇古根据社会福利函数为财富的再分配奠定了经济基础，这与正统理论没有冲突。

由于之前的大萧条，再加上罗斯福新政，民主政府开始干预经济以纠正资本主义最严重的弊端。福利国家的提议是由社会主义者和社会民主党人推动的，自第一次世界大战以来，他们一直是欧洲劳工运动的主导力量。

苏联及其他共产主义者认可计划经济，与之不同的是，欧洲的社会主义者在很大程度上接受了自由民主的基本规则：自由选举、公民权利、政治多元化和议会主权。在两次世界大战之间，通过与其他政党联合或在其他政党的支持下，社会主义者在许多国家成立了政府。在所有国家和地区之中，瑞典的社会民主党在政治上取得了最大的成功，从1932年到1976年，他们的统治从未中断过。

社会主义改革包括，引入全面的福利制度，利用凯恩斯提出的宏观经济管理技术实现充分就业。在英国,战后第一批工党政府取得的成就之一就是福利改革。匈牙利人尼古拉斯·卡尔多(Nicholas Kaldor)和埃里克·罗尔(Eric Roll)是促成英国福利经济学诞生的两个重要贡献者。卡尔多是《贝弗里奇报告》(the Beveridge Report)的主要参与者,该报告为战后建立一个"从摇篮到坟墓"的福利国家提出了伟大的设计。罗尔在促成马歇尔计划和英国加入"欧洲共同市场"的谈判中发挥了核心作用。

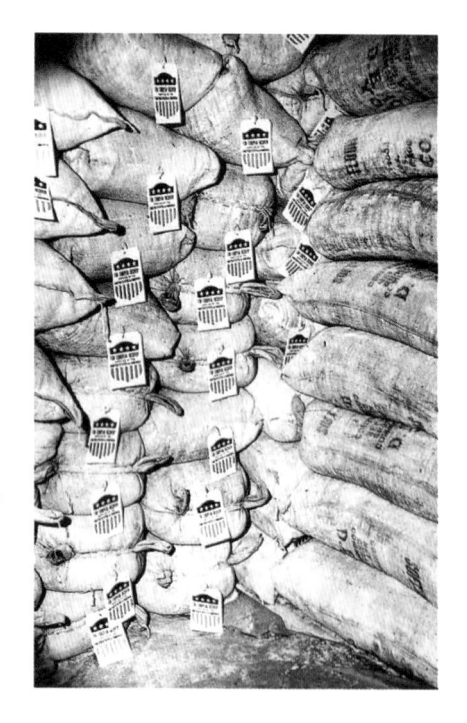

1948年,作为马歇尔计划的一部分,美国向欧洲供应了一批面粉。该计划向西欧提供了130亿美元的援助,从而维护了金融稳定,并扩大了贸易规模,避免了第一次世界大战后经历的经济问题。

新殖民主义

在第二次世界大战结束后的几十年里,要么通过战争,要么经历了流血事件,几乎所有以前欧洲的殖民地都独立了。帝国主义一直因剥削原住民而备受批评。例如,苏联领导人列宁曾宣称,工业大国的经济成果应归功于他们在非洲、亚洲和太平洋地区开辟的帝国领地,统治者及其工人靠剥削殖民地的劳苦大众实现

政府、福利和国有化

第二次世界大战的结束,使许多参战国满目疮痍。许多人认为,经济复苏不能只靠市场,而应由政府来决定。这种信念在很久以前就有先例。自19世纪以来,政府对经济的参与逐渐扩大,特别是在提供教育等服务方面。19世纪末,许多国家通过了公共卫生法案,并资助了城市发展计划。来自改革团体的压力迫使美国政府采取行动,解散商业信托,并制定医疗保障措施来保护工人。在第一次世界大战中,战时经济的需求推动了政府对商业的更大程度的参与。20世纪30年代,在罗斯福的新政之下,为了刺激萧条的经济,保护公民的生活免于贫困,政府对商业的干预达到了新的水平。

许多政府建立了各种各样的福利国家,它们的基本理念就是,19世纪靠自力更生和私人慈善来照顾弱势群体,这种做法是远远不够的。政府会提供免费或补贴的医保、国家养老金、残疾和失业福利、公共住房和其他措施。资金的来源是增税或根据收入征收社保。国家开支急剧增加。以1929年为例,美国政府的所有开支在国民生产总值中所占的比重还不到十分之一。在过去的40年里,虽然近期有所减少,但是政府支出已经达到了国民生产总值的三分之一。

经济学家和政治家不喜欢福利措施,他们认为这些措施打消了工作的动力,干扰了市场,成本过高。对于国家干预的另一种表现形式,即国有化,这些批评人士同样持反对态度。在许多国家,国有化的行业包括能源生产、运输和通信。

一些经济学家认为,由于缺乏竞争和盈利需求,国有工业会被削弱。到了20世纪70年代和80年代,他们的论点似乎有了一定的道理,因为在当时整个西方世界,国有产业成为低效率的代名词,最终被交回到私人手中以获得更专业的管理。

在英国伦敦,妈妈们在一家新开张的国家医疗服务中心排队等候,该中心承诺为所有人提供免费医疗服务。母亲们带着孩子来接受医疗检查。

发展和生存。然而，非殖民化本身并没有结束帝国主义剥削。这些新国家面临的问题是，它们脱离了殖民制度的保护框架，突然就投入了世界经济的竞争之中。无论殖民制度有多么不公平和不道德，它一直在鼓励富裕国家的投资，并为殖民地的原材料提供现成的市场。

在许多情况下，由于无法独立竞争，这些新成立的国家发现自己只是名义上的独立。他们与西方国家的经济联系如此紧密，以至于他们仍然屈从于发达国家的大公司和跨国公司的需求，这些公司垄断了他们的矿产资源和其他商品。这种紧密而不平等的经济关系被称为新殖民主义。

新殖民主义的批评者认为，它延续了市场偏向工业化国家的局面。这些国家继续从不发达国家获得廉价的原材料，占有着发展中国家所需的技术，而且可以自行批准殖民地的出口。新殖民主义的反对者认为，只有摆脱工业化国家和跨国投资的侵害，发展中国家才能实现增长。他们认为，由于市场本身无法产生足够的增长和结构变化，政府必须为制订新的经济计划、利用公共部门企业提供投资。

恰恰相反，大多数西方经济学家则认为，政府干预市场会弄巧成拙，因为市场在经济发展中发挥了积极作用。市场是非个人的，可能不会产生发展中国家想要的社会平等的发展，但它们也吸引了有助于刺激增长和技术转让的外国投资。外国经济援助能够提供贫穷国家所欠缺的额外储蓄和外汇。

不结盟和国际债务

20世纪70年代，发展中国家兴起了一场不结盟运动，要求纠正

全球经济的不平等。这一运动在20世纪70年代初的影响最大，当时中东产油国的国力正处于顶峰，他们与不发达国家站在一起对抗西方价值观。然而，最终油价暴跌，金融市场的相关波动产生了国际债务问题，削弱并分化了发展中国家的实力。到了20世纪70年代后期和80年代，随着石油成本的上升，以及许多原材料贸易环境的恶化，许多发展中国家不得不为石油支付更高的价格，而出口所得却越来越少。

这种情况导致对商业银行大额贷款的依赖日益增加。然而，随后的西方经济衰退导致出口收入不断减少，贷款利率则急剧上升。20世纪70年代末，一批新的世界领导人——美国的里根、英国的撒切尔夫人和德意志联邦共和国

1988年，在特拉华州的威尔明顿，卡车司机举行罢工。货币主义理论导致了对货币供应的严格控制，工人们发现自己被迫接受降薪或失业，因此罢工现象越来越普遍。

的赫尔穆特·科尔（Helmut Kohl）——给国际政治和经济带来了一种新的保守主义。

结果，在20世纪80年代，发展中国家发现，要从商业银行获得更多的贷款变得越来越难，于是就求助于联合国的附属组织——世界银行。世界银行提供贷款的条件是，受援国同意实施结构调整计划，并且要求它们必须采取经济改革，减少进口，促进"自由市场"政策，并放松国家控制。到1990年，世界银行220亿美元的预算中有近三分之一用于推动此类计划。

世界银行的成型

随着发展中国家逐渐取得独立，商业银行、国际货币基金组织以及世界银行开始为这些国家提供贷款以促进其经济增长。后两个机构最

1944年，世界各国领导人在新罕布什尔州的布雷顿森林酒店合影。此次会议宣布成立世界银行。作为一个促进经济发展的组织，世界银行最初是援助欧洲战后重建的，后来主要为发展中国家提供援助。

初是在美国布雷顿森林会议后建立的，目的是帮助欧洲在第二次世界大战后重新发展。后来又在亚洲、非洲、加勒比地区建立了其他多边开发银行。

世界银行是由一系列机构组成的，它通过国际开发协会和国际复兴开发银行这两个主要附属机构提供援助。国际开发协会的目的是通过提供特惠贷款促进经济发展，贷款来源是各个捐助国政府每3年提供的资金。相比之下，国际复兴开发银行在世界金融市场上筹集了大部分资金，借给发展中国家的利率往往比商业银行的贷款低一些，贷款期限也比较长。

亚洲的经济体

东亚和东南亚经济体以不同的方式解决了经济增长这个问题。尽管工业国家设立了保护性壁垒，但是凭借技术创新、低廉的能源与劳动力成本，以及产品专业化生产，日本、中国台湾、中国香港、新加坡和韩国等国家和地区实现了出口的快速扩张。还有几个因素促成了它们的增长，包括美国在第二次世界大战后提供的大量援助以及随之而来的重建热潮。

与亚洲这些经济体截然不同，到20世纪80年代末，实行大规模政府干预和贸易保护的发展中国家困难重重。随着世界经济的衰退，它们遭受了难以维持的国际收支平衡和国内赤字、急剧的通货膨胀、国际债务和极低的增长。世界范围内开始形成一种共识：要加快发展，就必须更多地依赖市场力量。

20世纪80年代和90年代初，中国、印度、巴西和坦桑尼亚等不同的经济体正在进行市场化改革。对一些人来说，东亚和东南亚的经验是市场的胜利；而在其他人看来，它证明了把市场力量与有力的政府干预结合起来是卓有成效的。

然而，东亚国家也未能幸免于经济崩溃。由于生产的扩大超出了市场需求，导致20世纪90年代中期日本经济全面衰退，大量工厂倒闭，员工失业。韩国、马来西亚、泰国、印度尼西亚和其他"小虎"经济体也同样面临着潜在生产过剩的危险，因为它们的增长有很大一部分来自日本过度扩张的行业：汽车和其他车辆生产、电子和计算机硬件。

在20世纪80年代，像苏格兰银行这样的中央银行变得越来越重要，国家可以通过中央银行调整利率，使其成为调节货币供应的主要手段。

货币主义

在第二次世界大战后的25年里，大多数发达国家实现了充分就业，人民生活水平不断提高，通货膨胀也随之产生。凯恩斯主义者已经认识到，如果政府保证了充分就业，那就意味着无论工会要求涨多少工资，雇主都会做出让步，那么也就无法维持稳定的物价水平了。为此，政府实施了一系列收入政策，目的就是降

米尔顿·弗里德曼

弗里德曼是20世纪末最有影响力和最具争议的经济学家之一。在美国多所大学完成深造之后,弗里德曼1946年执教于芝加哥大学。他对古典经济学发展最为人所知的贡献是,他是美国货币主义的主要倡导者之一。货币主义理论认为,商业周期不是由财政政策决定的,而是由货币供应和利率决定的。通过改变流通中的货币数量,降低或提高信贷成本,政府可以避免早期资本主义典型的繁荣与萧条模式。许多人认为,联邦储备系统对维持物价稳定和经济增长至关重要。

弗里德曼认为,国家提供的福利损害了个人主义与自助自立的价值。在与妻子罗斯·D.弗里德曼(Rose D. Friedman)合著的《资本主义与自由》(*Capitalism and Freedom*)一书中,他提议废除福利计划,转而实行负所得税,这样可以保证收入。弗里德曼的思想在20世纪80年代极具影响力,当时美国的罗纳德·里根和英国的撒切尔夫人(Margaret Thatcher)政府都采用了货币主义政策。

低工资水平和物价上涨幅度。但是,这些政策只取得了有限的成功,从20世纪60年代后期开始,通胀率的增长呈现出令人担忧的加速趋势。自20世纪70年代后期开始,凯恩斯主义在很大程度上被货币主义取代了。货币主义者倡导的是低通胀率,在他们看来,低失业率是无关紧要的。

货币主义是特别关注货币供应的宏观经济学理论,在经济学思想史上具有悠久的传统。早在18世纪,关于货币数量的增加最终将影响价格,休谟等经济学家就提出了比较详细的解释。20世纪60年代，美国的经济学家米尔顿·弗里德曼（Milton Friedman）在他的著作中率先提出了货币主义，其前身是由美国数学家、经济学家费雪发展出的"货币数量理论"。

1911年，费雪建立了一个等式，表明价格水平等于货币数量乘以流通速度除以交易量。费雪认为，价格会随着流通货币的数量而变化，并适当考虑到其周转率或流通速度，以及涉及的交易数量。价格的上升或下降可以通过减少或增加货币供应予以控制。

凯恩斯主义者攻击这一理论的理由是，货币存量的增加可能导致流通速度变慢，在某些情况下，还可能导致实际收入的增加。弗里德曼对此做出回应，他将财富和利率等其他变量纳入了费雪方程式，并开发了一种复杂的统计方法进行评估。弗里德曼坚持认为，自20世纪60年代和70年代一直不断侵蚀凯恩斯主义经济的通货膨胀，可以通过严格控制货币供应加以遏制。他利用统计学证明了这种情况在过去和未来是如何发生的。

货币需求

无论是分析个人对货币的需求，还是个人对其他商品的需求，弗里德曼式的货币主义者采取的方法都是一样的：它取决于个人的财富和相关商品的相对价格。货币主义经济学的基本理念在于，货币余额的供应与需求之间存在对立。政府有权决定货币供应量，因为他们控制着银行系统印发的货币数量。但决定民众希望持有多少实际货币余额的是民众自己，而不是政府。如果印了太多的钱，人们可能会设法通过购买商品或资产来花费多余的钱。如果经济处于充分就业的状态，这种支出的增加要么会提高本国产品的价格，要么会导致国际收支赤字，从而导致汇率贬值，推高进口价格。无论是哪一种情况，价格上涨往往都会减少人们持有的实际货币余额。

货币政策包括通过中央银行控制货币供应和利率。它们决定了企业贷款的可用性和成本。理论上，收紧货币供应有助于遏制通胀，放松供给则有助于经济从衰退中复苏。然而，当通货膨胀和衰退同时发生时，也就是滞胀现象，经济学家很难判断是该收紧还是该放松货币供应。

自20世纪50年代中期以来，通货膨胀理论的一个中心概念是菲利普斯曲线，它将失业率水平与通货膨胀率联系起来。菲利普斯曲线背后的基本理念是，在其他条件相同的情况下，较低的失业率会导致更高的工资水平。在20世

中国广东省的一家工厂，工人们正在组装电子电路板。经济的全球化意味着，越来越多的国家参与到了全球市场化经济中。

纪90年代的美国，大致就是这个情况，失业率低，价格相对稳定。

对货币主义的批评

1981年诺贝尔经济学奖得主詹姆斯·托宾（James Tobin）批评了货币主义对金钱的狭隘兴趣。他指出，投资者可能愿意在投资组合中持有一系列金融资产，不仅包括货币，还包括债券和股票。其他经济学家遵循的是罗伯特·卢卡斯（Robert Lucas）提出的"理性预期"理论，他们对失业与实际工资需求水平之间是否存在稳定关系提出了质疑，并且对是否存在最初的"自然失业率"也存在疑问。他们认为，公众最终将认识到货币供应与价格水平之间的联系，导致的结果就是，靠扩大货币供应来减少失业并不是长久之计。

罗伯特·卢卡斯

罗伯特·卢卡斯是芝加哥大学的经济学家，在近代对宏观经济学的研究上，卢卡斯可能是最具影响力的之一。他研究了约翰·穆特于1961年首次提出的理性预期理论。这一理论假定，经济行为的主体对未来事件的"预期"是合乎理性的。

针对卢卡斯理论的批评者认为，主张政策变化的经济学家必须认识到，经济主体的预期也会发生变化。例如，如果工人们认为某一年的通胀率是5%，他们可能会接受5%的加薪。但是，如果政府扩大了货币供应，从而导致通胀率提高到10%，虽然在短期内会得到经济效益，但是民众对通胀率的预期会升高，那么这种政策将无法发挥作用。

今天和明天

20世纪下半叶，由于通信和交通的发展，地球似乎显得越来越小了，而跨国公司不断壮大，规模甚至比有些国家还大。

经济合作与发展组织对全球化的定义是，"工业和服务活动在地理上的分散化，以及公司的跨国界联网。"其中的"服务活动"包括研发、生产和分销，而"跨国界联网"指的是合资企业，建立这种商业关系是为了共享资产并执行单个项目，比如推销新的消费产品。

经济活动的全球化几乎影响了当代生活的方方面面。这是20世纪后期最重要的社会现象，影响了政府、机构和个人。今天，所有国家和地区、城镇和村庄都是世界经济的组成部分，决定世界经济的是全球力量而非局部力量。在本质上，全球化正在把全世界所有的经济和技术力量塑造成一个单一的、共享的社会空间。

商业如何主宰世界

自1945年第二次世界大战结束以来，特别是在1989年冷战结束后，国际贸易的增长突出了全球化的重要性。无论是绝对数字，还是占世界总产出的比例，贸易发展均达到了前所未有的水平。运输和通信不断改善，管制措施普遍放宽——限制贸易与控制汇率的旧法案被废除，使贸易发展进程不断加速。

20世纪下半叶，新的竞争力量使国家经济发生了巨大的转变，以至于今天很少有行业是完全基于国内市场的。例如，建筑行业的公司可能会使用当地的材料和劳动力，但更有可能使用进口的资本设备，甚至它本身可能就是一家跨国公司的子公司。全球市场的出现主要是由于国家市场的渗透，因为有许多国家和地方公司，在面对世界范围的需求以及他国公司的竞争时，不得不做出反应。今天，我们有时很难确定某种产品是国外还是国内生产的。

虽然国家之间的差异仍然影响着各国的生产，但现在世界上大多数国家的经济活动是相似的。即使在之前经济活动受到严格控制的国家，如今政府对商业的监管也趋于相似。纽约、布达佩斯和上海的企业基本上都是以同样的方式运作的。

20世纪末的世界经济可以分为3个集团，它们因为处于不同的经济发展阶段而相互关联。发达国家包括大多数西欧国家、美国以及其他发达经济体；发展中国家指的是印度、环太平洋地区及南美洲的许多国家、一些非洲国家以及东欧的前社会主义国家。对许多发展中国家而言，变革让他们认识到，想要创造经济增长，就必须参与全球市场。还有一个集团是不发达国家，它包括最贫穷的国家，要么几乎不参与国际市场的贸易活动，要么是缺乏进行贸易的基础设施。

为什么要全球化

公司寻求全球化可能有各种各样的原因。其中最引人注目的是寻找新市场和廉价劳动力，因为企业当然更喜欢在劳动力成本低的国家落脚。过去为了限制国际贸易，通常会设置关税壁垒。外国公司通过在当地建厂，就可以规避这一壁垒。

因此，全球化已将经济活动转移到了世界新兴国家和地区。这对民族国家在本国领土的统治力量构成了挑战。随着企业在国际上的发展和多元化，在日益增长的全球竞争压力下，政府会被迫减少开支与干预。其中一个原因是，如果政府试图向强大的跨国公司征

货币崩溃

在全球市场上,许多国家之间建立了错综复杂的网络关系,货币、企业、投资和银行也因此相互制约,即使是老牌经济体也发现自己受到了威胁。例如,在1992年的英国,当时英镑承受着来自货币投机者的巨大压力,很有可能使经济陷入混乱。

造成危机的直接原因是英国加入了汇率机制,该机制的建立是为了维持欧洲共同体货币之间的汇率稳定。1990年加入欧盟时,英国承诺将英镑对德国马克的汇率维持在一定范围内。英格兰

1992年,英国财政大臣诺曼·拉蒙特宣布英国退出欧洲汇率机制。

银行通过外汇交易来维持英镑的汇率——如果英镑升值过高,它就会卖出英镑来降低英镑的价值;如果英镑跌得太低,它就会购买外汇来提高其国际价值。

到1992年9月,显而易见的是,英镑相对于德国马克的价值被高估了。投资者觉得,他们没有得到良好的回报,于是将资金转移到其他地方。英镑价值暴跌。投机者进入了货币市场,随着英镑的升值或贬值,他们反复买卖大量英镑,赚取了巨额利润。面对猖獗的投机行为,英格兰银行为了支撑英镑的价值,一天之内就损失了一半总储备——大约120亿英镑。英格兰银行并不具备足够强大的储备以承受来自投机者的压力,比如金融家乔治·索罗斯(George Soros),他个人在"黑色星期三"赚了近10亿美元。英国被迫退出汇率机制,货币投机者开始寻找另一种境况不佳的货币。

20世纪90年代后期,至少在某种程度上,货币投机是导致东南亚和巴西股市崩盘的原因之一。与此同时,虽然索罗斯曾经借此手段赚到了数十亿美元,但是他本人基本上否定了货币投机这一做法。索罗斯越来越多地参与苏联集团国家的慈善组织,他极力反对,在货币交易或建立金融体系时,只以投资者的信心为依据,这样会造成动荡。

在1998年出版的《全球资本主义危机》(*The Crisis of Global Capitalism*)一书中,索罗斯谈及1997年席卷东南亚的金融危机,他解释了不再相信市场体系的原因:"金融市场发挥的作用与经济学理论赋予的作用截然不同。金融市场应该像钟摆一样摆动。它们可能会因受到冲击而剧烈波动,但最终应该会达到一个均衡点。相反,金融市场的表现就像一个破坏球,从一个国家摆荡到另一个国家,把实力较弱的国家都击倒了。"

税，这些公司可能会把业务转移到别处。

转移资金

有时人们会认为全球化限制了政府执行社会政策的自由，如医疗保健和国家养老金，这是福利国家的两个基石。这种观点听起来有一定道理，但还是很笼统，因为世界经济对每个国家的影响是不一样的。

金融是连接世界经济各个组成部分最突出、最强大的力量之一，也是近年来全球化最显著的表现之一。20世纪80年代和90年代的金融改革，例如取消外汇管制，大大促进了资金的国际流动。凭借先进的通信技术，货币投机者和投资者现在能够瞬间将巨额资金转移到世界各地。这种国际金融体系的破坏性力量已多次得到证明，特别是在1992年，投机活动扰乱了汇率机制；还有1995年，在墨西哥股票交易所持续了3年的繁荣之后，国际金融市场对墨西哥失去信心，导致比索崩溃。

墨西哥金融危机造成了一种"传染效应"——人们对世界其他类似的新兴市场失去了信心。1997年，因为预测东亚国家将出现疲软，资金大规模撤出，从而引发这些国家的货币崩溃。这种崩溃证明，一定程度的短期资本流动（包括货币的流入和流出），会让整个体系产生巨大的不稳定性。在这些危机中利益受损的企业，既不愿将资金留在受影响的国家，也不愿进行类似的进一步投资。在一定程度上，汇率的压力是由私人投机者逃离货币市场造成的，但主要还是由机构投资者和跨国公司的撤离所导致的。

尼克·李森和巴林银行的倒闭

1995年，英国伦敦最古老的银行之一，巴林银行，因为一个交易员不理智的市场交易而破产，这个故事引起了全世界对国际金融体系岌岌可危的基础的关注。金融市场的崩溃及时提醒人们，金融市场变幻无常，无法做出准确的预测或控制。

尼克·李森（Nick Leeson）是巴林银行新加坡分公司的一名年轻交易员，他被认为是在进行"套利"——也就是说，寻求从日经225期货合约在日本大阪证券交易所和新加坡货币交易所上市的差价中获利。这种套利操作，一般是在一个市场购买期货合约，然后在另一个市场出售。由于保证金数量少，交易量通常很大；但是这种策略通常风险不大，因为一种头寸往往会抵消另一种头寸（头寸是指个人或实体持有或拥有的特定商品、证券、货币等的数量）。

然而，李森的交易超出了一般的套利方式。他没有两面下注，而是孤注一掷地预测日本市场的未来走向。1994年9月到12月，他的运气一直很好，据说到年底他已经为雇主赚取了超过1.5亿美元的收益。这些收益主要是通过对"多空"交易的巧妙利用实现的，只要市场的波动比期权价格所显示的要小，期权卖家就可以从中获利。

1995年1月17日神户大地震发生时，李森发现，在如此巨大的风险中，必定蕴藏巨大的利润。这场灾难的规模使得外国投资者将大量资金撤出日本，因此，日经指数出现震荡。为了应对不断下跌的日经指数，李森大举买入期货，试图将其推高。东京股市是世界第二大股市，推高股价对于最大的投资者来说都不容易，更何况是李森，最终他的行动失败了。1995年1月23日，市场暴跌1000点，李森丧失了所有购买力。更重要的是，他的东家巴林银行当天也破产了。

新的贸易方法

现代国际金融发展了许多新的国际贸易形式。例如，"衍生品"市场将合约价格与标的资产价格联系起来。所涉及的资产可能是外汇、债券、股票或大宗商品，衍生品的交易量可能会影响标的资产的国际价格。衍生品可以降低投资者因市场波动而承担的风险，同时也允许他们从事更大风险的交易以寻求利润。但也有人担心，衍生品可能会增加整个国际金融体系的风险，正如1995年伦敦巴林商业银行的倒闭就与衍生品有关。

全球化兴起带来的另一个主要后果是跨国公司的发展。这些横跨全球的大型企业帝国，每年的营业额与许多国家的国内生产总值相当。

1998年，全球有53 000家跨国公司，拥有450 000家子公司，全球销售额达95 000亿美元。数以百计的大企业控制着全球20%至30%的资产，在全球雇佣着600万名员工。跨国公司已经从本国公司成长为全球企业，利用国际投资不断开发自身竞争优势。有的跨国公司会与某个特定国家建立密切联系，但他们的目标无非就

1995年神户大地震后，日本将资源从工业转移到急需进行的重建项目，因此外国投资者担心日本经济会陷入衰退。

今天和明天

许多跨国公司发现在东亚的生产成本相当低廉，鞋业巨头锐步（Reebok）就是其中一家。

是追求利润。

许多经济学家认为，跨国公司的发展开启了全球竞争和生产，从而提高了世界经济的效率。例如，跨国公司鼓励国际分工，从而使各国在拥有比较优势的产品领域，开展更加专业化的生产。经济学家还认为，跨国公司把新技术和更好的工作方式引入国内经济，改善了国内业绩；并且通过提高全国劳动力的技能，为每一个人都带来了经济利益。

利益的冲突

然而，跨国公司和个别国家之间可能存在利益冲突，而且有证据表明，这两种利益在优先级上的分歧日益扩大。跨国公司在一国筹集

的收入可以用来资助在另一个国的投资。跨国公司有能力根据最优汇率向任何国家借款，如此一来，任何一国货币政策的有效性就受到了质疑。跨国公司可以将生产在不同国家之间转移，这一事实可能会破坏国家的产业政策，而且还会使员工的工资与工作条件面临企业施加的下行压力。

事实虽然如此，但仍有证据表明，至少在发展中国家，与国内公司相比，跨国公司工人的工资和工作条件还是相当不错的。总的来说，跨国公司的力量平衡已经从劳动力向资本转移，凭借其在全球范围组织生产的能力，无论是对于国家政府，还是劳动力而言，跨国公司都拥有巨大的结构性权力。

壳牌（Shell）是众多在世界各地拥有全资子公司的跨国公司之一。

今天和明天

全球市场

全球化受到许多经济学家的欢迎,因为它预示着一个新时代的到来,世界各地的人们越来越多地受到全球市场的严格约束。这些变化是由资本主义和技术发展推动的,并导致一些传统的民族国家在全球经济中变成了商业单位。这种观点欢迎全球市场和全球竞争原则的出现。跨国生产网络的形成带来了经济的"去国家化"。随着国民经济进一步被卷入跨国和全球化潮流,民族国家的权威和合法性日益受到挑战。

保护主义被削弱

在传统上,民族国家会通过贸易保护来增加收入、管理国际收支和发展国内工业。全球

欧洲经济共同体(EEC)总部,位于比利时布鲁塞尔。欧洲境内关税的取消大大促进了跨国公司的发展。

化没有给这类保护主义留下多少余地。致力于推动自由贸易的国际机构，比如世界贸易组织和世界银行，他们有权力执行国家与国际层面的决定。这些机构对贸易的全球管制意味着，传统国家主权遭受了严重的削弱。

这是一个重新定义历史的时刻——1989年，曾作为柏林墙城门的勃兰登堡门被拆除。

福利国家的衰退

古典和新古典经济学家普遍欢迎个人自治和市场原则战胜国家权力，但左翼评论员认为，这是压迫性全球资本主义的胜利，是一场不受欢迎的胜利。然而，两个学派都同意，在日益一体化的全球经济中，全球资本将自由的经济纪律强加给了所有政府。因此，政治不再是"可能性的艺术"，而是"健全的经济管理"。在竞争规则的限制下，社会保护越来越站不住脚，福利国家政策也逐渐消亡，在这一背景下，政府现在不得不"管理"全球化带来的社会后果。

根据新古典经济学家的说法，在全球竞争下，有人能赢，就肯定有人会输——从经济学的角度来说，他们拒绝"零和结果"。新古典主义者和自由市场论者认为，尽管某一国的特定群体可能会因全球竞争而变得更加贫困，但各个国家可以通过生产具有长远价值的特定商品，从中获得相对优势。随着时间的推移，自由贸易和竞争带来的好处会像涓涓细流一样滋润所有社会成员。

其他经济学家认为这种观点过于乐观，他们的看法是，全球资本主义的发展，导致国家内部以及国家之间出现了结构性不平等，而且还在不断加剧。尽管存在这些意见分歧，但几乎所有经济学家都同意，传统的社会保护福利方案——如为老年人提供医护，为没有工作能力或失业的人支付费用等——目前看起来越来越难以维持。

有的经济学家则认为，全球化掩盖了至少部分民族国家力量的实际增长。他们认为，国际经济正日益区域化，分为三大金融贸易集团：欧洲、亚太和北美。这些怀疑论者声称，现在还远远没有建立推行"一价定律"的完全一体化的世界经济，目前的证据表明，只有以国家为主导的强大经济体之间在不断加强互动。

对新帝国主义的指控

另一派则认为，世界贸易和外国投资的不断升级是西方帝国主义的一个新阶段，各国政府作为垄断资本的代理人，深受牵连。在国际化的同时，许多发展中世界国家日益边缘化，因为贸易和投资在北半球富裕国家的流动不断加剧，把全球其他大部分地区都排除在外了。一些政府认为,"全球化"为推行非主流的正统古典经济战略提供了一种政治上的便利。

关贸总协定

1947年,23个国家签署了一项协定,成立了关税与贸易总协定这一国际组织,将其作为一个论坛,以开展有关国际关税问题的谈判。协定条款规定,成员国承诺扩大多边贸易,减少壁垒,降低进口关税和配额,并废除特惠贸易协定。到第八次谈判会议,即所谓的"乌拉圭回合",关贸总协定的成员已经包含了世界上大多数国家,关税也降至历史最低水平。"乌拉圭回合"结束时达成了一项协议,即关贸总协定应由世界贸易组织取代。作为一个更强大的机构,对违反或破坏贸易规则的行为,世界贸易组织有权做出具有法律约束力的裁定。

在20世纪80年代以前,和工业化国家不同,许多发展中国家对于贸易

莫斯科铺天盖地的广告清楚地表明,在1991年苏联解体后,西方资本主义价值观渗透到了俄罗斯。

开放并没有兴趣，它们优先考虑建立自己的工业基础。然而，自20世纪80年代以来，发展中国家总体上采取了不同的政策，它们反对保护主义，不断削减贸易壁垒。之所以采取新的方法，一部分原因是人们对经济形势的看法发生了变化，还有一部分原因是来自世界银行、国际货币基金组织和世贸组织等多边机构的压力。自从1991年经济互助委员会垮台之后，东欧大多数前社会主义国家也按照西方国家的方式实施了贸易自由化。因此，现在有了一个真正的全球贸易体系，发展水平也是空前的。

并不是所有人都愿意接受自由贸易的不断扩大。1999年12月，美国爆发了自越南战争以来最大规模的抗议活动，甚至还引发了暴力骚乱，在西雅图进行的新一轮世贸组织谈判因此中断。抗议者包括环保主义者、教会人员、劳工组织人员和人权活动人士，他们认为，世贸组织扩大自由贸易的提议会危害到更贫穷的国家。他们认为，由于缺乏监管，这些国家只会成为发达国家和跨国公司的廉价材料和劳动力来源。

自由市场经济学家认为，只要放松管制，就可以催生出不断演变的全球市场。其他经济学家持相反观点：必须遵循共同的规则来管理市场，对于复杂的现代贸易，需要制定一整套详细的国际遵守的法律和规则，从而使全球市场关系发挥作用。

现实世界

在现实世界的经济活动中，这两种观点被综合采用了。在区域市场，建立了广泛的法律框架，比如欧洲单一市场和北美自由贸易区。世贸组织致力于扩大贸易自由化，同时也致力于协调国内竞争和商业规则。这表明，尽管经济活动必然仍将以市场为导向，但一

系列机构正开始演变，以应对最糟糕的情况，也就是一个完全不受约束的经济体系。例如，1997年，世界主要资本主义国家组成的七国集团在英国伦敦举行会议，具体讨论了如何在国际上协调各国的经济战略，以促进七国集团国家的就业增长。这表明，人们已经认识到，在全球化过程中，需要发展国际机构来解决个别国家的宏观经济问题。

因"厄尔尼诺"而导致的加利福尼亚州马里布的山体滑坡。"厄尔尼诺"现象，主要与环太平洋地区的气候变化有关，如今毫无节制的经济活动所造成的污染，使这一现象越来越严重。

寻求可持续发展

20世纪下半叶，经济全球化对环境的影响成为一个备受关注的政治话题。全球变暖、森林砍伐、气温上升、海平面上升、不可预测的气象活动——所有这些不太乐观的情况都与全球经济革命有关，但是各国政客并没有提出令

今天和明天

来自巴西的达雅拉·图卡诺（Daiara Tucano）在马德里举行的第25届环境会议上讲话。自里约热内卢地球峰会以来，联合国一直在努力达成对气候变化的共识。

主张可持续发展的人们其主要的争论焦点之一就是森林砍伐。图中是在马来西亚，为了开辟新的农田，一片雨林遭到了砍伐。

人满意的解决方案。虽然一些国家对环境问题的公众意识有所提高，但在某种程度上，目前并不具备解决环境全球化风险的能力。

大多数环保人士担心的根本原因是，当前经济和社会政策的趋势呈现出明显的不可持续性。可持续发展的理念也越发受到重视。这个理念有很多定义，很难对其进行准确描述。1987年，世界环境与发展委员会对可持续发展的定义是："既能满足当代人的需要，又不对后代人满足其自身需求的能力构成危害的发展。"

人们越来越担心，工业污染导致南极上空大气中的臭氧层出现越来越大的空洞。在美国宇航局的这张太空图片，深色斑块就是臭氧空洞。

绿色运动的兴起

从20世纪60年代末开始，诸如"地球之友""绿色和平""世界自然基金会"等环保组织吸引了政府和公众对环境或绿色问题的关注。在20世纪80年代，随着人们开始接受将环保问题作为日常事务，就开启了环境保护主义的一个新阶段。到20世纪90年代中期，一项将环境保护与社会经济政策相结合的举措，促使环保人士建立了伙伴关系，例如，"绿色和平"组织和发展中国家77国集团建立合作，共同推动了对《气候变化公约》(*The Convention on Climate*

菲律宾吕宋岛附近，一艘油轮发生泄漏。在人类工业活动的诸多重大负面外部效应之中，像这样的污染只是其中之一。

Change）的第一次审查。该公约是1992年在里约热内卢举行的联合国地球首脑会议上通过的。

联合国环境与发展会议（UNCED），又称地球首脑会议，现在已经达成了一系列重要的新协定。它们包括一项全球可持续发展计划，范围涵盖贸易和环境，从农业与沙漠化，再到能力建设和技术转让。更具体地说，联合国环境与发展会议批准了将环境和发展政策相结合的各项基本原则，包括建立了"污染者付费"的罚款与奖励机制；关于世界各大森林的管理、保护和可持续发展达成全球共识；关于稳定大气温室气体含量达成具有法律约束力的协议；关于保护世界物种、公平分享地球生态系统多样性达成具有法律约束力的协议。

20世纪90年代，环境主义进入了一个新的阶段。联合国环境规划署（UNEP）对可持续发展的定义是："在不超出地球生态系统的承载能力的前提下，改善人类生活质量。"

随着各国政府对环境问题的重要性达成广泛共识，可持续发展成为各方的主要目标。与此同时，压力集团（向政府和公众施加影响的团体）和活动积极人士同盟，通过提出具体的，通常是典型的问题，努力寻求使公众对环境的看法发生根本的转变。

上述及其他形式的行动主义很快就引发了态度的转变。1995年3月，芬兰的佩卡·哈维斯托（Pekka Haavisto）成为第一个加入国家政府的绿党成员，担任环境和规划部长。在爱尔兰都柏林以及意大利罗马，还有两位绿党市长。东欧的许多民主运动都发源于环保组织。在欧洲以外，此前名为"价值党"的政治团体在改革之后成为新西兰绿党；在日本，北海道生活俱乐部提倡绿色消费，它是一家实业合作社，每年营业额约为3亿美元，在农产品和制成品行业有强大的话语权。

到20世纪末，环保主义已在民主进程中站稳脚跟，主流政党不得不将"绿色问题"纳入其选举议程，以保持对选民的吸引力。环保主义者在政治上会敦促政府采取一些政策，包括最大限度地减小对生态过程的破坏，最大限度地节约材料和能源，以及保持人口不变而不是增加。从经济角度来分析环境问题，涉及多方面的权衡。只有明确涉及的机会成本，才能够帮助决策者做出最佳决定。

道德问题

全球化对现代民族国家的主权、自治和政治产生了重大影响。因此，现在管制国际武器产业比以往任何时候都更加困难。为了解决这个新问题，单靠某一国家的行动是不够的，需要集体的共同努力。例如，全球共同开展的国际禁止地雷行动，以及建立国际法庭惩治危害人类罪。

1987年，全球军事开支达到了10 000亿美元的高峰。尽管自冷战结束后这一数字一直在下降，但武器的绝对数量和破坏力仍然高居不下。自从苏联解体以来，美国一直主导着武器供应行业；其他主要的武器供应商是英国、法国、俄罗斯和德国等，这些国家在武器销售中都有既得利益。

西方国防工业基地的跨国化是由商业因素而非国内政治因素驱动的。更重要的是，从超市收银台到个人电脑和手机，同样的技术正在改变着日常生活的方方面面，也改变着战争和现代战场的后勤。借助这些技术，民用和军工部门之间的传统界限似乎正在瓦解。如果没有了界限，那么控制事态的力量似乎也会减少。

从含铅汽油转向无铅汽油，是为了减少对环境的危害而付出的一项共同努力。

新的经济周期

20世纪末，经济学家们来到了一个十字路口。过去几十年，有一部分经济学家对未来持乐观态度。例如，他们认为，1987年纽约和伦敦的股市崩盘有可能引发全球经济萧条。在一些经济学家和政治家看来，这种情况让人想起了20世纪30年代的大萧条。但事实上，并没有发生这样的全球经济崩溃，市场也逐渐稳定下来。

20世纪90年代，东南亚、俄罗斯和巴西的货币和股票市场再次崩溃，威胁到了全球经济平衡。从金融家转变为慈善家的索罗斯预测，金融市场自身将会突然陷入"全球资本主义危机"之中，这一说法也出自他的一部著作《开放社会——全球资本主义危机》(*The Crisis of Global Capitalism*)。对索罗斯来说，如果市场不受限制，那么另一场大萧条的到来就只是时间问题。

1997年土耳其安卡拉国际武器博览会上出售的直升机。

今天和明天

其他经济学家提出了乐观的理由。20世纪90年代的一些证据表明，工业化国家已经解决了20世纪大部分时间里的政治优先事项，也就是如何在低通胀率的情况下实现经济增长。无论是由于政府的政策还是经济事故，许多国家的通胀率已经下降到每年仅2%～3%。一部分经济学家预测，如果这是根本性经济变革的结果，那么资本主义特有的繁荣与萧条周期可能会变得越来越弱。

未来的发展

乐观的经济学家认为，有迹象表明，全球经济正进入一个通货紧缩周期，成本将会下降而不是上升。电脑、白色家电、汽车以及部分

1999年6月，阿尔巴尼亚难民返回科索沃。虽然国际社会以联合国的名义对前南斯拉夫实施了干预，但实际上这一行动是美国作为"世界警察"的自发行动。

食品，这些商品的实际价格在过去几十年里稳步下降。这一方面是市场竞争的结果，另一方面是因为全球化带来了更廉价的材料和劳动力来源。工业化国家的平均工资结算方案也减少了通货膨胀的压力。在许多市场供给不足的国家，房价上涨是导致通货膨胀的主要原因。

21世纪，经济全球化达到了新的高度。有些国家仍然被排除在其他国家的财富之外，但实际上所有国家都更紧密地联系在一个网络中，每一个国家的政治或经济事件都是息息相关的。如何利用这一体系的潜在好处，并遏制其弊端，是21世纪面临的主要挑战。

术语表

保护主义：一种经济学说，试图通过对进口商品征收关税来保护国内生产者。

比较优势：生产者（个人、企业或政府）在以较低的机会成本生产产品时所获得的优势。

财富：一个家庭、企业或国家的总资产减去总负债所得。

财政政策：政府为维持经济平衡而实施的政策，一般是减少商品或服务支出，或通过税收增加收入。

成本效益分析：对项目或政策进行评价，例如，将所有的社会和财政成本，与该项目或政策产生的社会和财政效益进行比较。

发展中国家：正在经历经济现代化过程的国家，通常通过发展工业和商业基础来增加国内生产总值。

繁荣与萧条：用于描述经济活动在增长与收缩之间剧烈波动的时期。

放任主义：法语意为"随它去吧"，最初在古典经济学中用来描述没有政府干预的经济。

福利国家：由政府提供福利制度，为公民提供健康保障，并使其免于贫困。福利通常包括免费医疗、疾病或失业保险、养老金、残疾津贴、住房补贴和免费教育等。

供给：以特定价格出售的商品或服务的数量。

规模经济：当产出增加时，导致产品生产平均成本下降的因素。

国际收支：一个国家的国际贸易、借贷的记录。

国民生产总值（GNP）：国内生产总值加上国内居民从国外投资中获得的收入，减去外国人在国内市场上获得的收入。

国内生产总值（GDP）：某一特定经济体的最终产出总值。

黑市：经济中的非法活动市场，不受管制或无法对其征税，经常买卖高价、非法或稀有商品。

宏观经济学：研究对象是整体经济而不是个人或企业的具体选择的学科。

货币供应量：经济体中可以很容易地兑换成商品和服务的流动资产数量，通常包括纸币、硬币、支票及银行存款。

货币政策：试图通过改变货币供应和利率来调节通货膨胀和经济活动的政策。制定货币政策通常是中央银行的职责。

货币主义：一种经济学说，认为经济中的货币数量是总需求的主要决定因素。因此，政府试图通过刺激需求来增加产出只会导致通货膨胀。

机会成本：在做出经济选择时必须放弃的最佳选择。

计划经济：生产和分配由中央权力机构决定，如统治者或政府。

净出口额：一个国家财政状况的指标，由出口价值减去进口价值得出。

凯恩斯主义：以凯恩斯的理论为基础的经济理论，主张政府通过财政政策进行干预以稳定经济。

可持续发展：在经济发展过程中，利用可再生资源而不是有限资源，并尽量减少经济活动对环境造成的永久性破坏。

劳动力：为经济活动提供体力或脑力的合法劳动者。

利息：储蓄者或投资者在其存款或投资中赚取的金额，或借款者在其贷款中支付的金额。

流动性：衡量一项资产转换成现金的容易程度。

垄断：市场中某一种商品或服务只有一个供给者，且无法找到类似的替代品。

企业家精神：能够感知市场中的机会，并将生产要素组合起来利用这些机会。

商品：产品，如咖啡、棉花、铜或橡胶。在经济学中，"商品"也用来描述生产过程中创造的产品或服务。

商业周期：经济活动中有周期性但不规律的波动，通常由国内生产总值来衡量，经济学家并不完全了解其涨落原因。

生产率：资本和劳动力等资源的投入与商品和服务的产出之间的比率。

生产要素：经济中的生产资源，通常包括土地、劳动力、企业家精神和资本。

失业：一种生活状况，指成年劳动力没有工作，并正在找工作。

市场：促进商品、服务或生产要素的买卖的一项基础设施。在自由市场中，由此产生的价格由供求规律而不是外部约束来调节。

衰退：经济活动的严重收缩，以连续两个季度国内生产总值下降为标志。

税收和关税：政府对经济活动征收的强制性费用，政府可以对多种财富或收入征税、对营业利润征税、对驾驶等活动征收执照费。关税是对进口商品征收的税。

私营部门：经济中的一个组成部门，其经济活动由个人或公司决定，生产资料由个人或公司拥有。

通货紧缩：物价的普遍下跌。

通货膨胀：物价总水平呈现上升趋势。

土地：土地和所有自然资源，如石油、木材和鱼类等。

托拉斯：企业间形成的反竞争联盟，目的是迫使商品价格上涨，降低成本。1890年的《谢尔曼法》规定托拉斯在美国是非法的。

外部性：某一项经济活动对第三方造成了损失或使其获得了利

益，而责任并不由该经济活动的执行者来承担。

外汇兑换率：一国货币兑换另一国货币的比率。这个比率经常被用来衡量不同经济体的相对进出口优势和劣势。

微观经济学：研究对象是个体、家庭和企业，它们在市场上的选择以及税收和政府监管对他们的影响。

消费品：经济产品或商品，购买后供家庭使用，而不是供工业使用。

消费者物价指数（CPI）：一种经济指标，以一系列商品和服务的价格为基础来计算家庭的平均支出。

萧条：商业周期的低谷，通常以高失业率、低产出、低投入和企业普遍破产为特征。

新殖民主义：一个国家与前殖民地国家之间的一种关系，在这种关系中，前殖民地国家的商业利益继续主导后者的经济。

需求：人们对特定商品或服务的需求，并且有一定的支付能力提供支持。

以物易物：一种贸易制度，用商品而不是货币来交换其他商品。

债券：在未来某一特定日期支付一定数额金钱的法律义务。

账户：个人、公司或政府保存的收入、支出、资产和负债的记录。

中央银行：公共组织，或受政府影响，或是独立的，为监督和管理一个国家的货币和金融机构而设立。

重商主义：16世纪至18世纪在欧洲流行的一种经济政策，强调出口的重要性，以赚取黄金和白银储备，并使用高关税来阻止进口。

专业化：由个人、企业或政府决定只生产或提供一种或几种商品或服务的做法。

资本：由家庭、公司或政府拥有的有形资产，如设备、房地产和机器。资本也指金融资本或用于资助企业的资金。

资本主义：一种以私有制、企业和自由市场为基础的经济制度。自16世纪以来，资本主义一直是西方世界占主导地位的经济体系。

资产负债表：显示公司、个人或其他经济单位财务状况的资产和负债清单。

自由贸易：不受关税或配额等壁垒限制的国际贸易。

参考文献

Allen L. *Encyclopedia of Money*. Santa Barbara, CA: ABC-Clio, 1999.

Ammer C., Ammer D. S. *Dictionary of Business and Economics*. New York: MacMillan Publishing Company, 1986.

Atrill P. *Accounting and Finance for Non-Specialists*. Engelwood Cliffs, NJ: Prentice Hall, 1997.

Baker J. C. *International Finance: Management, Markets, and Institutions*. Engelwood Cliffs, NJ: Prentice Hall, 1997.

Baites B. *Europe and the Third World: From Colonisation to Decolonisation, 1500–1998*. New York: St. Martins Press, 1999.

Bannock G., Davis E., Baxter R.E. *The Economist Books Dictionary of Economics*. London: Profile Books, 1998.

Barilleaux R. J. *American Government in Action: Principles, Process, Politics*. Englewood Cliffs, NJ: Prentice Hall, 1995.

Barr N. *The Economics of the Welfare State*. Stanford, CA: Stanford University Press, 1999.

Barro R. J. *Macroeconomics*. New York: John Wiley & Sons Inc, 1993.

Baumol, W.J., and Blinder, A.S. *Economics: Principles and Policy*. Forth Worth, TX: Dryden Press, 1998.

Begg, D., Fischer, S., Dornbusch, R. *Economics*. London: McGraw-Hill, 1997.

Black J. A. *Dictionary of Economics*. New York: Oxford University Press, 1997.

Blau F. D., Ferber M. A., Winkler A. E. *The Economics of Women, Men, and Work*. Engelwood Cliffs, NJ: Prentice Hall PTR, 1997.

Boyes W., Melvin M. *Fundamentals of Economics*. Boston, MA: Houghton Mifflin Company, 1999.

Bradley R. L., Jr. *Oil, Gas, and Government: The U.S. Experience*. Lanham, MD: Rowman and Littlefield, 1996.

Brewer T. L., Boyd G. (ed.). *Globalizing America: the USA in World Integration*. Northampton, MA: Edward Elgar Publishing, 2000.

Brownlee W. E. *Federal Taxation in America: A Short History*. New York: Cambridge University Press, 1996.

Buchholz T. G. *From Here to Economy: A Short Cut to Economic Literacy*. New York: Plume, 1996.

Burkett L., Temple T. *Money Matters for Teens Workbook: Age 15-18*. Moody Press, 1998.

Cameron E. *Early Modern Europe: an Oxford History*. Oxford: Oxford University Press, 1999.

Chown J. F. *A History of Money: from AD 800*. New York: Routledge, 1996.

Coleman D. A. *Ecopolitics: Building a Green Society* by Daniel A. Coleman Piscataway, NJ: Rutgers University Press, 1994.

Cornes R. *The Theory of Externalities, Public Goods, and Club Goods*. New York: Cambridge University Press, 1996.

Dalton J. *How the Stock Market Works*. New York: Prentice Hall Press, 1993.

参考文献

Daly H. E. *Beyond Growth: the Economics of Sustainable Development.* Boston, MA: Beacon Press, 1997.

Dent H. S., Jr. *The Roaring 2000s: Building the Wealth and Lifestyle you Desire in the Greatest Boom in History.* New York: Simon and Schuster, 1998.

Dicken P. *Global Shift: Transforming the World Economy.* New York: The Guilford Press, 1998.

Economic Report of the President Transmitted to the Congress. Washington D. C.: Government Publications Office, 1999.

Elliott J. H. *The Old World and the New, 1492–1650.* Cambridge: Cambridge University Press, 1992.

Epping R. C. *A Beginner's Guide to the World Economy.* New York: Vintage Books, 1995.

Ferrell O. C., Hirt G. *Business: A Changing World.* Boston: McGraw Hill College Division, 1999.

Frankel J. A. *Financial Markets and Monetary Policy.* Cambridge, MA: MIT Press, 1995.

Friedman D. D. *Hidden Order: The Economics of Everyday Life.* New York: Harper Collins, 1997.

Friedman M., Friedman R. *Free to Choose.* New York: Penguin, 1980.

Glink I. R. *100 Questions You Should Ask About Your Personal Finances.* New York: Times Books, 1999.

Green E. *Banking: an Illustrated History.* Oxford: Diane Publishing Co., 1999.

Greer D. F. *Business, Government, and Society.* Engelwood Cliffs, NJ: Prentice Hall, 1993.

Griffin R. W., Ebert R. J. *Business*. Engelwood Cliffs, NJ: Prentice Hall, 1998.

Hawken P. et al. *Natural Capitalism: Creating the Next Industrial Revolution*. Boston, MA: Little Brown and Co., 1999.

Hegar K.W., Pride W.M., Hughes R. J., Kapoor J. *Business*. Boston: Houghton Mifflin College, 1999.

Heilbroner R. *The Worldly Philosophers*. New York: Penguin Books, 1991.

Heilbroner R., Thurow, L. C. *Economics Explained: Everything You Need to Know About How the Economy Works and Where It's Going*. Touchstone Books, 1998.

Hill S. D. (ed.). *Consumer Sourcebook*. Detroit, MI: The Gale Group, 1999.

Hirsch C., Summers L., Woods S. D. *Taxation : Paying for Government*. Austin, TX: Steck-Vaughn Company, 1993.

Houthakker H. S. *The Economics of Financial Markets*. New York: Oxford University Press, 1996.

Kaufman H. *Interest Rates, the Markets, and the New Financial World*. New York: Times Books, 1986.

Keynes J. M. *The General Theory of Employment, Interest, and Money*. New York: Harcourt, Brace, 1936.

Killingsworth M. R. *Labor Supply*. New York: Cambridge University Press, 1983.

Kosters M. H. (ed.). *The Effects of Minimum Wage on Employment*. Washington D.C.: AEI Press, 1996.

Krugman P. R., Obstfeld M. *International Economics: Theory and Policy*.

Reading, MA: Addison-Wesley Publishing, 2000.

Landsburg S. E. *The Armchair Economist: Economics and Everyday Life.* New York: Free Press (Simon and Schuster), 1995.

Lipsey R. G., Ragan C. T. S., Courant P. N. *Economics.* Reading, MA: Addison Wesley, 1997.

Levine N. (ed.). *The U.S. and the EU: Economic Relations in a World of Transition.* Lanham, MD: University Press of America, 1996.

MacGregor Burns J. (ed.). *Government by the People.* Engelwood Cliffs, NJ: Prentice Hall, 1997.

Morris K. M, Siegel A. M. *The Wall Street Journal Guide to Understanding Personal Finance.* New York: Lightbulb Press Inc, 1997.

Naylor W. Patrick. *10 Steps to Financial Success: a Beginner's Guide to Saving and Investing.* New York: John Wiley & Sons, 1997.

Nelson B. F., Stubb C. G. (ed.) *The European Union : Readings on the Theory and Practice of European Integration.* Boulder, CO: Lynne Rienner Publishers, 1998.

Nicholson W. *Microeconomic Theory: Basic Principles and Extensions.* Forth Worth, TX: Dryden Press, 1998.

Nordlinger E. A. *Isolationism Reconfigured: American Foreign Policy for a New Century.* Princeton, NJ: Princeton University Press, 1996.

Painter D. S. *The Cold War.* New York: Routledge, 1999.

Parkin M. *Economics.* Reading, MA: Addison-Wesley, 1990.

Parrillo D. F. *The NASDAQ Handbook.* New York: Probus Publishing, 1992.

Porter M. E. *On Competition.* Cambridge, MA: Harvard Business School Press, 1998.

Pounds N. J. G. *An Economic History of Medieval Europe.* Reading, MA: Addison-Wesley, 1994.

Pugh P., Garrett C. *Keynes for Beginners.* Cambridge, U.K.: Icon Books, 1993.

Rima I. H. *Labor Markets in a Global Economy: An Introduction.* Armonk, NY: M.E. Sharpe, 1996.

Rius *Introducing Marx.* Cambridge, U.K.: Icon Books, 1999.

Rosenberg J. M. *Dictionary of International Trade.* New York: John Wiley & Sons, 1993.

Rye D. E. *1,001 Ways to Save, Grow, and Invest Your Money.* Franklin Lakes, NJ: Career Press Inc, 1999.

Rymes T. K. *The Rise and Fall of Monetarism: The Re-emergence of a Keynesian Monetary Theory and Policy.* Northampton, MA: Edward Elgar Publishing, 1999.

Sachs J. A., Larrain F. B. *Macroeconomics in the Global Economy.* Englewood Cliffs, NJ: Prentice Hall, 1993.

Shapiro C., Varian H. R. *Information Rules: A Strategic Guide to the Network Economy.* Cambridge, MA: Harvard Business School, 1998.

Smith A. An *Inquiry into the Nature and Causes of the Wealth of Nations*, Edwin Cannan (ed.). Chicago: University of Chicago Press, 1976.

Spulber N. *The American Economy: the Struggle for Supremacy in the 21st Century.* New York: Cambridge University Press, 1995.

Stubbs R., Underhill G. *Political Economy and the Changing Global Order.* New York: St. Martins Press, 1994.

Teece D. J. *Economic Performance and the Theory of the Firm.* Northampton, MA: Edward Elgar Publishing, 1998.

Thurow L. C. *The Future of Capitalism: How Today's Economic Forces Shape Tomorrow's World.* New York: Penguin, USA, 1997.

Tracy J. A. *Accounting for Dummies.* Foster City, CA: IDG Books Worldwide, 1997.

Tufte E. R. *Political Control of the Economy.* Princeton, NJ: Princeton University Press, 1978.

Varian H. R. *Microeconomic Analysis.* New York: W. W. Norton and Company, 1992.

Veblen T. *The Theory of the Leisure Class* (*Great Minds Series*). Amherst, NY: Prometheus Books, 1998.

Wallis J., Dollery B. *Market Failure, Government Failure, Leadership and Public Policy.* New York: St. Martin's Press, 1999.

Weaver C. L. *The Crisis in Social Security: Economic and Political Origins.* Durham, NC: Duke University Press, 1992.

Werner W., Smith S. T. *Wall Street.* New York: Columbia University Press, 1991.

Weygandt J. J., Kieso D. E. (ed.). *Accounting Principles.* New York: John Wiley & Sons Inc, 1996.

Williams J. (ed.). *Money. A History.* London: British Museum Press, 1997.